ドイツ環境教育教本

環境を守るための宝箱

ティルマン・ラングナー 著
染谷有美子 訳

緑风出版

謝辞

この本に収録されたアイディアは、過去数年、ともに活動した生徒や教員の皆さんとの協業の賜物です。彼らに心より感謝いたします。また、執筆するにあたり協力してくださった北部環境事務所の仲間、特にコーネリア・シュレーダー氏（挿絵）、リヒャルト・ロッホル氏（写真）、また妻のザビーネ・ラングナー（アイディア、激励、校正）に感謝します。

目　次

ドイツ環境教育教本

環境を守るための宝箱

まえがき

環境というテーマは、今日の学校教育においてひとつの確固たる位置を占めています。自然に迫る危機と保護、廃棄物の処理、再生可能エネルギーの使用、このような問題提起が指導要領に採用され、実際に生徒たちに伝えられています。さらに、環境教育では各教科に合わせた四五分単位の授業を有意義に補うために、一日がかりのプロジェクトや遠足を行い、また、近所や地域社会へ授業の舞台を広げており、環境教育は「教え・学ぶかたち」を構築するのに決定的に役に立ちます。

それにもかかわらず、学校における環境教育の実情は、決して満足なものとは言えません（de Haan他、一九九七年および一九九九年）。たとえば、次のようなことが批判の対象となって、環境というテーマは依然として指導内容の非常に狭い分野でしか扱われていません。

専門教科的な内容が教科をまたぐ内容より優先して取り入れられる。環境がテーマといっても自然科学や技術の内容ばかりが優先的に開発されている。技術的な解決戦略や牧歌的な自然体験がもてはやされ、環境問題に対する社会批判的な議論がおろそかにされている。年間数日だけのプロジェクトに限定して環境教育を行えば、子どもたちや教員から陸の孤島のように年に一度の特別なものとして認識されてしまい、特に、通常の評点対象から外れる場合はそうなります。また、環境教育のための資金が足りないことや、教員の養成や研修が不十分なこと、研究が遅れていることなども嘆かれていています。

このような批判以外に、これまでの環境教育では本質的な問題に目をつぶらなければならないという問題があります。どういうことかと言うと、テーマや目標は今の時代に即したものでしょうか。この問いが、少なくとも環境と開発のための国連会議（地球サミット）でアジェンダ21が合意された一九九二年以降、ひとつの具体的な答えを探し求めています。アジェンダ21では、世界各国が共同で、持続可能な発展という理想「将来世代のニーズを満たせなくなる危険を回避しながら今日の世代のニーズを満たす発展」に賛成しました。機会の平等性として理解される、すべての国の人々間の公平性、そして、それぞれの世代間の公平性、これこそがアジェンダ21の根本的な主張なのです。それには環境保護だけが重要なのでなく、環境の視点が生活や政治の分野、特に、社会や経済の挑戦すべてと結び付けられなければなりません。

アジェンダ21のなかでは、「教育」こそが持続可能な発展のためにそもそも必要な大前提であるということが強調されています。アジェンダ21は、子どもや若者にこそ重要な活動主体としての役割を与えています。アジェンダ21は、最終的には「自治体」が持続可能な発展のための独自の道を歩み、ローカルアジェンダを開発することを要求しています（アジェンダ21、二一・二五・三六章）。自治体に学校運営課があり、また、地方行政が生徒たちの生活状況にかなり影響を与えるため、この政策的な発言は学校での学習に直接影響します。

従来の環境教育の裾野を広げることが叫ばれています。そのためには、アジェンダ21に書かれている環境と経済、そして社会を関係づける必要があり、また、持続可能な発展を形成するにはどんな能力が不可欠なのか、この若者たちをどのように育てることができるのかが問われなければなりません。この挑戦に向けた活動のために「持続可能な発展のための教育」という名称が導入されました（ANU／DDU／GbU、一九九八年／de Haan / Harenberg, 一九九九年）。教育計画・研究振興のための連邦・州委員会は、この根本的に新しい実践でのスタートを支援すべく、モデル事業を一九九九年に開始しました。ここでは環境教育の成果がないがしろにされているわけではなく、むしろ、この環境教育によって得られた経験こそが新たな挑戦課題を克服するために利用すべき重要な源となっています。

こうした背景から、この本は二つの目標達成に役立つようにしました。

ひとつめに、この本は具体的なきっかけ作りを集めたもので、実際に成果の上がる環境教育を促進するためのものです。ここで紹介する単元によって、あなた方は教師としてそれぞれの専門分野との関連で環境というテーマを取り上げることができます。あなたの生徒たちは環境というテーマを身をもって理解し、自分の体験した世界と生活している世界を結びつけることができます。この場合に、利他主義的な発想の環境保護の考え方が重要なのではなく、環境活動というのは楽しさを伴うものであってよいのです。そして、この内容や手法を、若者の創造の欲求や自立の欲求、そして技術的・文化的な興味と結びつけてよいのです。

ふたつめに、この本はさらに、持続可能な発展という理想に向けて、これまで構築されてきた環境教育を再発見するのに役に立つでしょう。あくまでカリキュラムの切り口が環境というテーマなのであって、これらは経済的・社会的視点からも考察されるものです。学校で省エネをしようとすれば、専門知識も身につけなければならないし、バスや自転車など環境に優しい交通手段を強化したければ、生徒たちの生活状況、それからさらに社会問題に触れることになります。さらに、環境保護とは、生徒たちが自分たちの暮らす世界を「持続可能な」ものにするために必要な能力を鍛えるのに適した行動領域です。グループで協力して作業する、学習のプロセスを自己の責任でやり遂げる、学習の成果を自己評価する、自分の意見を形成する、それを主張し且つ他者の意見を尊重する、空想力やクリエイティビティを問題解決に応用する、これらは一例ですが、こうしたことすべてを若者たちは環境活動で学ぶことができます。

この本では、前期中等教育（訳注：日本の小学五年生から高校一年生にあたる）のための約五〇の単元を紹介しています。単元は環境のテーマごとに並べてあり、それぞれに一般的なオリエンテーションがついています。統一した内部構造で自由に使えるようになっています。

ねらい

ねらいは、既存の環境教育にも持続可能な発展のための教育にも結びつくように表現されています。ひとつの単元が、見方によって、生徒たちが具体的な環境のテーマに徹底的に取り組む際に環境保護の現場で役に立つような役割をしたり、同時に、持続可能な発展のための未来をつくる力（物事を具体的に形成する能力）の手助けをすることにもなりえます。

対象グループ

それぞれの学年が対象となります。

準備と実施にかかる労力

準備と実施にかかる労力を参考にして、現実的なプラン作りができます。ここでは三つのカテゴリーを採用しました。

「Ⅰ」はそれほど時間がかからず、通常の授業時間の枠組みで置き換えて実施できる単元を示しています。

「Ⅱ」で示された単元は、十分な（広範な）準備を必要とします。ここでは例えば、準備段階で特別な資材を調達したり、部分的に授業時間の枠を越えることもあります。そのため一日がかりのプロジェクトや複数の教科を扱える授業のほうに向いています。

カテゴリー「Ⅲ」は、継続的にかなりの時間と労力を割いて初めて実現できる単元、第三者との協力の用意が前提であるか、かなりの準備を必要とする単元を示しています。

専門との関連

いずれの単元にも専門との関連が示されています。ここでは専門教員としてこれらの単元をあなたの仕事や能力に組み込むことができます。さらに基本計画との関係で、成績の評価もできなくてはいけません。しかし、このことはあまり掘り下げません。教科を横断する作業の可能性をはっきり示すために、二教科やそれ以上の専門教科との関連をしばしば取り上げています。ここでは自然科学的教科だけでなく、意識的に哲学や地理、社会学、さらに国語や技術なども取り入れ、これらの教科も環境教育に活用する可能性を与えています。

前提と準備

前提と準備の項目では、どんな教材や物が必要なのか、そしてどうやればうまくいくかが書かれています。また、パートナーとの調整など、ほかに準備が必要なことについてもここでは書かれています。

所要時間

所要時間とは、実施時間であり、準備はここでは計算に入れていません。一時間という場合は、通常四五分の授業時間を指しています。

実施

中心的となる部分です。ここでは、単元の中で進めるべき個々の作業工程が説明されています。これを参考としてそのまま実施するのではなく、生徒たちとともに感受性豊かな生きた学習プロセスを作るよう、バランスをとることに気をつけなければなりません。すべてが詳細に提示されているわけではありません。また、「答え」も通常示されていません。生徒たちは、様々な代替案を勉強して身につけたり、これを他のものと比べたりするべきなのであって、「答え」というものはいっさいありません。生徒たちが自分たちの学校や周りの環境を調べるのであれば、この「答え」は一冊の本で示すことができるようなものではありません。どの単元も、方法論的なとっかかりとして、ひとつの例としてのプランだけが書かれています。そのため、他の章でそれぞれの作業工程について他の案を調べるのは意味のあることです。

経験と成果

教育そして環境の視点から見た経験と成果が単元で説明されています。

特別なヒント

特別なヒントは、技術面の改善や組織の活性化、また、教育的な促進、部分的には授業内容を深めるアイディアとして役に立ちます。

参考文献と連絡先：

参考文献と連絡先では、知識を深めるために解説付きのアドバイスが得られます。インターネットも調査のためのツールとして活用してください。インターネットでは、活用できる情報がたくさん提供されています。インターネットでの作業は生徒たちに楽しみを与えますし、特徴のある情報システム、そしてコミュニケーションシステムの使い方を学ぶことができます。生徒たちに彼らの能力を実証する機会を与えてください。もしくは、自宅で調査する機会を与えてください。さらに、ウェブサイト **www.umweltschulen.de** にてあなたたちの作業の成果を紹介したり、経験を交換したりすることもできます。

この本の最後に、参考文献の一覧と専門との関連表があります。また、各単元を専門との関連や、対象学年、キーワードから探すことができます。

もし、これらの単元をひとつないしいくつか試すきっかけができ、それで生徒たちが楽しむことができるなら、この本の願いは満たされるでしょう。

日本語版への序文

二〇〇五年の大気中の二酸化炭素濃度は三七九ｐｐｍです。これは一七五〇年、つまり産業革命以前と比べて三五％以上もの上昇です（独連邦環境庁、二〇〇七年）。一七五〇年以降、人間は、人類史上これまでにない速度で、生産と生活の関係が根本から変化するほどの発展を遂げました。私たちは、新しい技術を使ってエネルギーの原料と天然資源をフル活用し、多くの人々の経済的豊かさへと変化させることを学びました。

一九〇六年から二〇〇五年の間に、世界中の地表の平均温度は約〇・七度上昇しました。この温度上昇が人為的な排出に起因するということは、今日、かなり確実であると認識されています。さらに、産業化以前の温度とくらべて二度の気温上昇が危機的な値となり、それを境に、気候や天候の現象によって劇的な被害がもたらされるということもだいぶ確実視されています。

世界中の全社会のあらゆる分野において、迅速に、そして決然と行動することでしか、気候変動の最悪の結果を食い止めることはできません。これは学校においても同じです。世界中の多くの学校が資源やエネルギーを消費するだけでなく、CO_2を排出することによって気候変動に加担しているのです。特に若い世代は彼らの将来の生活に対する心構えが必要で、それには環境保護や気候保全、持続可能な発展という挑戦をテーマとして扱うことも含まれます。

こうした背景から、環境団体ＦｏＥ　Ｊａｐａｎは日本の学校に省エネと環境教育を根ざすべく、フィフティ・フィフティプロジェクト（訳注　ドイツで普及している、学校の省エネプロジェクト。八五ページ参照）を先導しています。緑風出版は、ドイツで二〇〇〇年に出版されたこの本を日本で発行することにより、このプロジェクトを応援してくれています。この日本語版発行に至るまでの緑風出版の高須氏ならびに環境保護活動家仲間でありこの本の翻訳者である染谷有美子氏のご尽力に、心より感謝申し上げます。

ドイツの環境教育の本が日本の学校の活動にも役立つの？　そうだと願います。なぜなら私たちの国は少なくとも環境政策的な観点では、似たような条件を持っているからです。日本とドイツはともに工業が高度に進んだ先進国であり、いずれも温帯に位置します。この地球上の一・九九％の人間が日本で生活して、世界のエネルギー起因のCO_2排出量の四・四七％を生み出しています。ドイツには全人類の一・二八％が暮らし、CO_2排出の三％に責任があります（Germanwatch, 二〇〇八年）。このようにどちらの国も人口相当の倍以上もの温室効果ガスを排出しています。ですから、両国とも他の国よりももっと気候保全に貢献しなければならないのです。ドイツは、一九九〇年から二〇〇五年の間で、既に一八％以上温室効果ガスを削減しました（もっとも、かなりの部分が東西ドイツ統一後の旧東側の古い産業の解体によるものですが)。連邦環境庁は、二〇二〇年までに一九九〇年比で四〇%、二〇五〇年までに八〇%の削減を達成しようと努めています。

ドイツのNGOジャーマン・ウォッチ(Germanwatch)は、先に引用した文書の中で、CO_2排出以外についても取り上げています。ジャーマン・ウォッチは、CO_2を多く排出している五六ヶ国の気候変動に対する政策についてのレポート(気候変動パフォーマンス・インデックス)を掲載しています。ここでは排出状況の他に、排出の傾向(トレンド)や成長、そして環境政策について評価しています。日本はここでは第四二位、ドイツは第二位に位置付けられています。ドイツのCO_2排出状況は確かに日本と似てはいますが、トレンドや、特に環境政策が高く評価されているのです。

この本が皆さんのお役にたてるのではという願いは、この点にあります。ドイツは、「大きな」環境政策だけに取り組んでいるのではなく、多くの学校が自分たちの日常で環境保護を実施するということを経験しています。学校で効果的にエネルギー・水の消費やごみの排出を減らし、フィフティ・フィフティの枠組みでお金を貯めて図書館や校庭の整備などに充てています。近代的な環境マネジメントを導入して、うまく生徒を巻き込んでいます。こうした活動のアイディアや経験が、この本の重要な土台となっています。この本で紹介する単元の多くが、子どもたちが学校で、また子どもたちにとって重要で彼ら自ら形づくることができる日常生活の場で、持続可能性のテーマの中心となる問題に実際にとりくむことをねらいにしています。

そのことで子どもたちは、気候保全のお手伝いをするだけでなく、それ以上に価値ある能力を得ることができます。調べ物をして、分析し、評価し、自分の価値観を振り返る。複雑な変化の過程を計画して、計画を辛抱強く実行に移す。コミュニケーションをはかり、やる気を起こし、協力し、状況の悪化を乗り越え、成果をともに分かち祝う。

この日本語版は、大部分がドイツ語版そのままの内容です。たとえば、各単元の教科がドイツのカリキュラムにはあるけれども日本のカリキュラムにないこともあるでしょう。その点は、教員の皆さまが少々アレンジする必要があります。この本をアイディアやヒントを集めたものととらえ、あなた方の学校の実際の状況に合わせて自由にアドバイスを取り入れてください。ご質問やご指摘などありましたらお気軽に英語でお知らせください。

教員の皆さまと生徒さんたちの活動が楽しく、実りあるものとなるようお祈りいたします。

ドイツより
ティルマン・ラングナー
Eメール：tilman.langner@umweltschulen.de

第1章
エネルギー、大気、気候

一八世紀の終わりまで、人間は仕事をするにあたって、特に自分の腕力や動物の力を頼りにしていましたが、それを風や水のエネルギーを使うことで補うようになりました。火はただ熱を作るために使用されていました。エネルギーとは限られた資源であり、尽きることのないよう人間社会が使用を制限していました。

蒸気機関が発明されてから産業革命へ突入しました。蒸気機関の発明と、続く発電機や電気モーター、内燃機関、核分裂原子炉といった大きな発明は、人類にまったく新たな可能性を切り開きました。石炭や天然ガス、石油、ウランをエネルギー生産に使うようになったのです。今や、たとえば農業を機械化しそれで労働力を得ることもできるようになりました。すべての工業製品生産や我々の輸送システムは、これらの化石燃料のエネルギーキャリアに依存しています。

約二〇〇年の間、エネルギー経済（訳注：都市ガスや天然ガス、液体燃料、電力などのエネルギーキャリアを、家庭やあらゆる種類の企業運営において供給確保するために行われる設備や営みそして施設をさす。エネルギー資源、エネルギー獲得、エネルギー貯蔵、エネルギー輸送、エネルギー取引、販売と精算、安定供給などの分野が含まれる）は、留まることなく増大する需要に応えられるだけの、より多くのエネルギーを提供することに照準が当てられていました。しかしながらエネルギー産業に対するこの戦略的な方針は、新たな、人類の生存にかかわる限界にぶつかるという認識が次第に受け入れられるようになっています。

■石炭、石油、そして天然ガス、これらは地質の生化学的プロセスによって、何百万年もかかって生

まれます。私たち人間は、地球史的観点から見るとほんの一瞬で描かれるような期間で、このエネルギー源を今日消費しています。ウランの備蓄量同様、近いうちにこれらの資源は使い尽くされてしまいます。次のような意見には不確実性はありますが、原油は、遅くとも二〇二〇年には採掘のピークに達するだろう、つまり、将来のためにはわずかばかりの石油しか残されず、価格はますます上昇し、この欠乏する原料をめぐって政治的な（軍事的な？）衝突が増えるだろう、ということが警告されています。ジェレミー・レゲットは著書『ピーク・オイル・パニック――迫る石油危機と代替エネルギーの可能性』のなかで、二〇〇六年に既にこの採掘がピークに達したとさえ指摘しています。

■燃焼段階の副産物は環境に負荷を与えます。確かに、炭酸ガス（硫黄や酸化窒素）の排出に対する、正しい効果的な対策は見つかったと言えます。しかしながら、化石燃料が燃焼する際には、人為的な温室効果を引き起こす主要な炭酸ガスである二酸化炭素が、依然として排出されます（他の主要な温室効果ガスには、エネルギー経済とは別の発生源をもつメタンや一酸化二窒素（N_2O）があります）。二〇〇五年には空気中のCO_2濃度は三七九ppmでした（割合にして〇・〇三七九％、一ppm＝一パーツ・パー・ミリオン＝一〇〇万分の一）。産業革命の到来（約一七五〇年）により、空気の二酸化炭素含有量は既に約三五％上昇しました。気候保全のためには、世界中の化石燃料の蓄えを完全に使い尽くすことなど、とてもできません。褐炭や石炭など、まだ比較的たくさん残っているものは特にそうです。二酸化炭素の排出は、様々なエネルギーの環境に対する重大性を評価することができる国際的に認められた尺度で、学校のエネルギー経済にも当てはまります。

■核エネルギーは独特の役割を果たします。原子炉の稼動では二酸化炭素は排出されません。しかし、ウラン鉱の獲得から核廃棄物の処分までの過程で、一〇〇パーセントミスがないことが保証できる条件下でしか扱えないほど、核エネルギーを得る過程では有害な放射性物質も一緒に生み出されます。人間と機械の複合システムが完全にミスがないように動くということは経験から否定されているので、核エネルギーは将来性のあるものにはなりえません。

■技術によって得たエネルギーで行っている仕事の効果は、とうてい利益をもたらすものとは言えません。例えば、空気中に含まれる窒素は、非常にエネルギーのかかるプロセスで硝酸塩肥料に変えられます。確かにこれにより耕作における収量は高くなりましたが、他方、肥料のやりすぎで、私たちの重要な飲用水源である地下水が窒素に脅かされています。

■エネルギーの利用は、私たちの惑星では、極度に不公平に分配されています。地球全体の人口の二〇パーセントが住む工業国が、世界中で使われるエネルギーの八〇パーセントを使用しています。

前述したように資源は限られているため、発展途上国が自国のエネルギー消費を工業国レベルまで押し上げることでは、この不公平さは解消もできませんし、それは許されることではありません。それに加えて国際企業や国家上層部のエリートが、地域住民の負担となる環境汚染を引き起こしながら、優先的に地下資源を獲得して利益を得ています。

こうしたことにより、私たちはエネルギー使用の体制を根本的に新しく整えるという挑戦に直面しています。新たな戦略的目標の方向性は次のように描けます。

■エネルギー転換効率。つまり、エネルギー喪失を減らし使用の割合を高める必要があるということです。低エネルギーハウス（訳注：住宅のエネルギー消費基準の段階の一つ。二〇〇二年以降、新築住宅に義務づけられている）や、燃焼熱を活用する暖房、三リットル車（訳注：一〇〇キロメートルを走るのに三リットルしかガソリンを消費しない燃費のよい車）を開発するだけでなく、これらの発明を日常生活へも応用する必要があります。

■私たち工業国の人々は、エネルギー消費を減らす必要があります。この転換がどれくらい大変なものか、実情を慎重に探る必要があります。昼夜問わず全ての部屋を二三度に保つのではなく、必要に応じて家を暖房することなど、苦になることではありません。しかし、車の使用を極端に減らしたい人などいるでしょうか。この「足るを知る」とでもいう戦略は、特に転換が困難と思われます。

■効率的で満ち足りた経済のために必要なエネルギーの需要は、今よりももっと、できる限り再生可能エネルギー（太陽、風力、水力、バイオマス、地熱）でカバーされる必要があります。そのために、これらのエネルギーを今よりずっと多く利用する必要があります。

■エネルギーへのアクセスは、世界中で公正に分配される必要があります。しかしこの要求は実現するのが非常に難しいのです。それは、様々な国（貧しい国、豊かな国、地下資源のある国、ない国）や企業や人々が調整を図らなければならないからです。もちろん、もし例えば発展途上国が代替エネルギーの使用についての技術やノウハウを自由に使えるようになれば、それは彼らにとって役に立つでしょう。

エネルギー経済の建て直しは、持続可能な経済への道すじを明確に示す課題のひとつです。ここで要求される変革は、産業革命のように重大なものとなるでしょう。あと数十年の間は、克服すべき緊迫した技術的な挑戦が続き、それに従って生徒たちにとって将来性のある職業分野が生まれます。さらに社会や個人には、倫理的に評価して決定することが求められます。経済的・政治的枠組みで条件を作る必要があります。指針としての役割を果たせるような魅力的な理想を持つことが肝心です。

この問題や挑戦の一部は、この後に登場する単元にテーマづけられています。その主なテーマは次のものです。

■学校のエネルギー経済
■省エネルギー
■再生可能エネルギー

エネルギーの概念は自然科学分野の授業で初めて導入されるので、この単元は七、八年生と九、一〇年生に集中しています。

出典：『ピーク・オイルパニック―迫る石油危機と代替エネルギーの可能性』ジェレミー・レゲット（著）、作品社、二〇〇六年
『IPCC第4次評価報告書』環境省

今日は猛暑休暇～部屋の中の気候の簡単な調査

ねらい　　　　　：個人個人の快適さを通じて環境問題への導入を図る。少人数で自発的にデータを取る。
対象グループ：五、六年生
専門との関連：生物（身の回りの環境の生き物）
準備と実施にかかる労力：I
所要時間　　　：二～三時間

前提と準備：

エネルギーの概念は五、六年生の授業ではまだ扱っていません。しかし、もっと低学年の子どもたちでも、自分たちの学校の熱がどうやって供給されているのかに取り組むことができます。なぜなら、彼らは小学校の専門科目で既に、どうやって気温を測るのかを習っており、部屋の中の気候（ここでは気温や空気の質）がどうだったら快適かについて意見を述べることができるからです。教室が適

ワークシート：部屋の中の気候

名前：			
日付：		外気温（℃）：	
部屋 （名前、番号）	温度 （℃）	温度の評価	室内の空気 の評価

切に暖房されているかどうか、夏の間に太陽の日差しによって温められるのとどう違うのか、を生徒たちは算出することができます。

この単元では、たくさんのデジタル温度計（電化製品店で購入するか、簡単なものをホームセンターで入手する、またはエネルギー会社から借りる）と、学校校舎の見取り図のコピー（できれば各温度計に一枚、二〜三人の小グループに分けた各グループごとに一枚）が必要です。どのグループがどの部屋を調べるかをあらかじめ割り振ってください。他のクラスの先生へ、自分のクラスの生徒たちが訪問することを話しておいてください。

実施：

雰囲気作り：クラスの生徒たちに、暖かさと寒さのテーマに合った言葉（例、形容詞）を集めさせ、気分を盛り上げてください。

測定：ワークシートに基づいて部屋の中の気候を調べるという課題を説明してください。生徒たちはそれぞれ以下のことをします。

■室温を測る（温度計がどう機能するか説明してください。また、教室の真ん中で二、三分間測るよう注意してください）。

■気温が快適かどうか判断する（注意：廊下やトイレなどの非居住空間は冬の間に教室のように暖かくす

る必要はありません)。

■室内の空気を評価する(例、息苦しい、隙間風が入る)。

■さらに外気も一度把握しておく必要があります。

生徒たちを好きな子同士で二、三人のグループに分けます。各グループにこの後調査すべき部屋をそれぞれ割り当てます。その際、なるべく静かに周りに配慮して行動するようにさせます。

ワークシート〝部屋の中の気候〟(見本三一ページ)

評価:学年に関係なく、むっとするような暖房の強すぎる部屋や隙間風の入る寒すぎる部屋では、元気や健康そして能力が損なわれます。暖房が強すぎればエネルギーの浪費になります(お金の無駄、温室効果)。大まかには、ある程度の広さの空間の温度を約一度上げるのに六%余分にエネルギーがかかると考えてよいでしょう。それに対応するように、状況をわかりやすく簡潔に準備する必要があります。そうすれば、生徒たちは学校の見取り図を使って、それぞれ調べた部屋をスマイルマーク(マーク三種類☺😐☹)などで分類することができます。具体的な計測値と評価を記入するチェックリストと、生徒たちのコメントが目立つように書かれた見取り図は、互いが補い合って意味をなします。

元気であるために何ができるかをみんなで考えてください。空気が悪い場合、定期的に喚起をしなければなりません。暖房が強すぎても弱すぎても、設定を変えなければなりません。夏の間に部屋が極度に暑くなるのを、窓のカーテンを閉めたり、ツル科の植物で壁面を緑化して和らげることができます。二〇℃で寒がるような人は、セーターを着る必要があるでしょう。改善を提案するためには誰に呼びかけなければならないかを、よく考えましょう。

経験と成果：暖房の暖かさも太陽の日差しも、建物の中では不規則に広がっているのは同じです。そのため、どの部屋でもたくさんの場所で計測することが効果的です。

特別なヒント：もっと高学年の生徒が自分たちの学校の熱供給に集中的に取り組む場合（六八ページ参照）、五、六年生はこの単元でそれに簡単に協力できます。学校運営者と相談して、冷暖房のエネルギーを節約したら学校が浮いたお金やご褒美がもらえるしくみ（例、フィフティ・フィフティ↓八四ページ参照）を取り入れるとよいでしょう。

吹き荒れる風〜風車を作ろう

ねらい　　　　：風の力と再生可能エネルギーの活用を体験する。
対象グループ：五、六年生
専門との関連：地理（ドイツ、自分の住む地域）
準備と実施にかかる労力：Ⅱ
所要時間　　：二〜四時間

前提と準備：

五、六年生では、まだエネルギーに取り組んでいません。しかし、風の力など目に見える形で取り組めば、もっと低学年の子どもにも再生可能エネルギーの活用を教えることができます。論理を深めることはここでは見込んでいません。

ドイツでは二〇〇七年には消費電力の一四・一％が再生可能エネルギーでまかなわれています。

このうち風力が六・二％と最も重要な〝原料〟となっています（ドイツ連邦統計局、二〇〇七年）。ドイツは、二〇二〇年までに総電力消費の二〇％を再生可能エネルギーで生産する予定です（ドイツ連邦統計局、二〇〇七年）。

風力発電所や発電機が実際に動いているところを見学したい場合、あらかじめ会社と調整しなければなりません。また、旅費や必要な時間を計算し、場合によってはもう一人面倒を見る人を連れて行く必要があります。風力発電所のジェネレーターキャビンからは風の力の魅力がイメージでき、遥か遠くを見渡すことができます。しかし、事故防止の理由から小グループでしか上ることができませんから、クラス全員まとめてというのはほとんど無理です。さらに、風力発電パークは地上からも聳え立つ様子が見ることができますし、場合によっては製造者のところでジェネレーターキャビン内部を見ることができます。

実施：

簡単な風車を作るには、薄い合板、木の棒（五ミリの円柱の木など）、コルク、木の玉、強力な接着テープ（布）、強力な針金が必要です。工具としては糸鋸、ナイフ、錐、ニッパーが適宜必要となります。

この単元は暖かい季節に設定してください。

見学（二時間、旅程によってはそれ以上）：風力発電所や製造工場に費やす経費が認可されるのであれば、ぜひ見学してください。企業側では、簡単な絵などを使って施設を説明してくれるはずです。例えば、良い風がある場合にひとつの風車が何世帯分の電気を供給できるのか、どうして風がない時でも家庭では電気が消えずにすむのか、など。

風車を作る：ここでは各生徒が自分の風車を作ることができます。まず、生徒たちは風力発電所の羽根をまねした形の羽根用の型紙を作ります。生徒たちは型紙を木に書き写し、羽根をのこぎりで切ります。錐でコルクに穴を開け、コルクに三箇所切り込みを入れ（気をつけて！）、羽根を差し込みます。最後に木の棒に針金を巻き付け、木の玉、風車、木の玉と留め、針金の最後を折り曲げます。

※これで風車が機能するよう、気をつけて作業しなければなりません。

■風車は軸の上で軽く回るようにする必要があります。車軸の穴は、針金の直径よりも適宜やや強くする必要があります。

■羽根が柄にぶつからないようにします。木の玉はこの理由から間隔を保つのに使われます。適切な長さの車軸（コルク全体）がスムーズな回転を助けます。

■風車は重心が狂うようではいけません。これはとても面倒な注文です。三つの羽根は同じ大きさ（同じ重さ）で、それぞれ一二〇度の角度でなければなりません。それでいて風車を調整する必要があります。必要に応じて、軽すぎる羽根（静止した後いつも上に来ている羽根）を接着テープで重くするのを手伝ってあげてください。

最後に、完成した風車を自由に試します。

経験と成果：気をつけて作業しさえすれば、風車は完成し、機能して、生徒たちも楽しむことができます。

特別なヒント：もし十分な時間があれば、風車に色を塗ったり、他の素材でもっと風車を作ります。

簡単な手作り風車

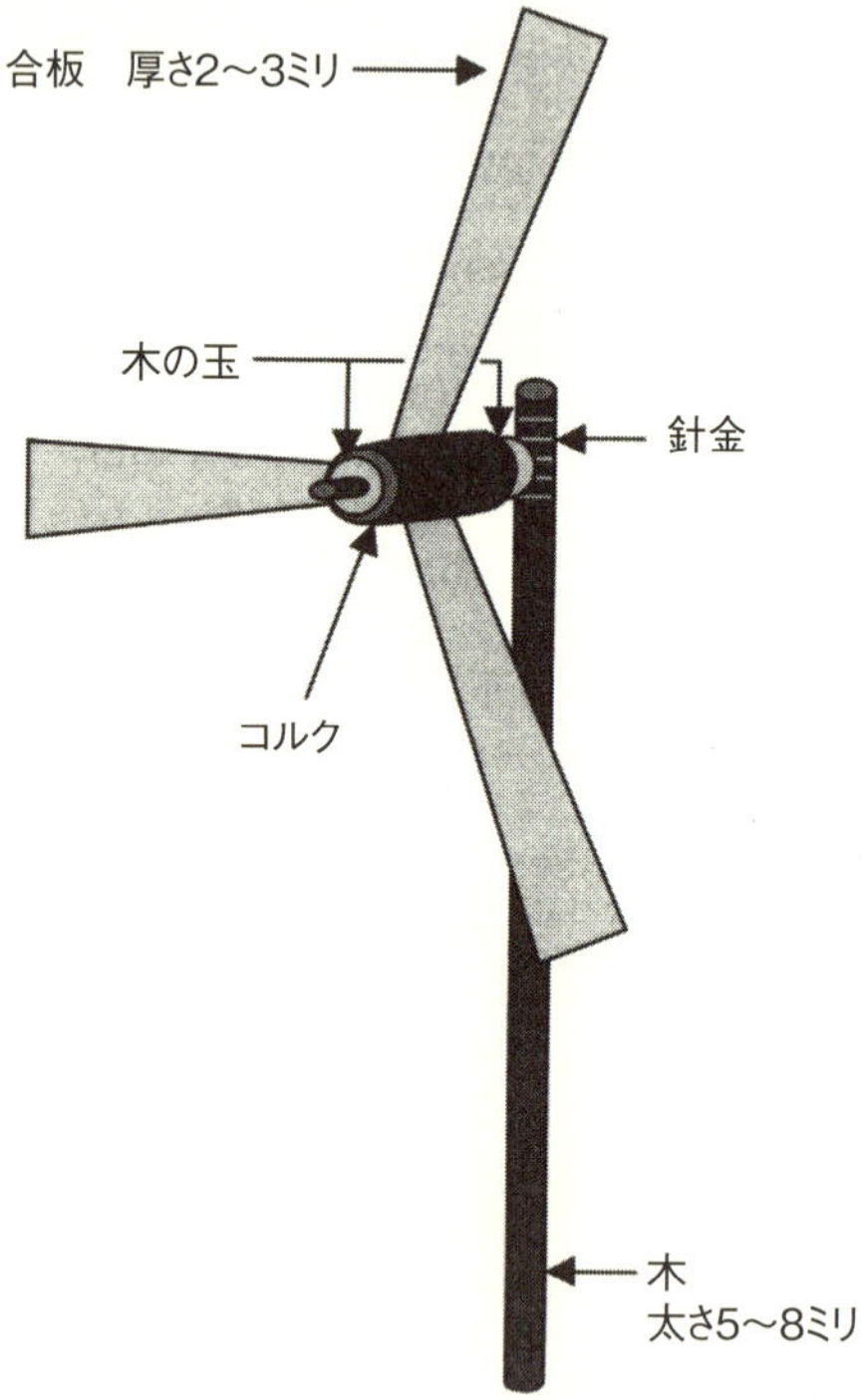

パワー無しでは一日が始まらない～ある小学生のエネルギー的一日の過ごし方

ねらい：日常でのエネルギー転換の重要性を振り返る。簡単なレベルで個人に重要な省エネのヒントを知る。
対象グループ：七、八年生
専門との関連：物理（仕事、仕事率、エネルギー、エネルギー転換）
技術（住まいと暮らし―家庭のエネルギー供給とごみ処理）
準備と実施にかかる労力：I
所要時間　：一～二時間

前提と準備：

この単元は、生徒たちが仕事と仕事率そしてエネルギーの概念を習熟してから実施できます。

生徒たちへの宿題としてこの単元の準備ができます。各自の典型的な一日を思い出し、各場面で登場した道具や機械をメモします。

大雑把な値ではなく、電気機器の出力に応じた個別のデータを把握したい場合は、エネルギー測定器が必要です。

実施：

物理の授業との関連から、生徒たちに以下の質問をしてください。

■朝起きてから学校に来て、放課後そして夜まで、平日を普段どのように過ごしていますか？
■その間、いつどこでエネルギーを消費する（正確にはエネルギーを転換する）道具を使いますか？
■この道具では何が起きますか？　どのエネルギーが使われ、どのエネルギーに転換されますか？
■エネルギーの浪費とは何でしょう？　エネルギーやお金はどうやって節約できるでしょうか？

まず生徒たちと一緒に一日の生活を一時間一時間確認して、使用している電気機器をリストアップしてください。たとえば、生徒たちをサークル状に座らせ、順々にテーマと関連のある文章を言ってもらってもよいでしょう（「六時半にラジオのスイッチが入り、好きな番組のモーニングショーで目覚めた」「電気を付けた」「部屋の中はちょうど良い暖かさだった」など）。発言の中に出てきた電気機器を黒板に書き取ります。それでは、どうやってエネルギーが節約できるか考えましょう。

エネルギー的一日の過ごし方～ 例

道具	省エネのアドバイス
電気目覚まし	機械仕掛けの目覚まし
ラジオ	ACアダプターを使用するか、充電可能な電池を。バッテリーは最も高価な電力源です。使用後はスイッチを切りましょう。（スタンバイはNG）。
スクールバス	バスと電車は、省エネ型のよい交通手段です。車（教員の方）は1人当たりのエネルギー消費がもっと多くなります。自転車や徒歩は一番エネルギーを消費しません。
暖房	20℃で十分です。もっと温度設定を上げようとすればエネルギー消費も明らかに増えます。
電卓	頭で計算するのが精神の健康にも役立ちます。それ以外には、太陽電池付きの電卓が代わりになります。

電気製品とその出力（概算値）

製品	出力（W）	製品	出力（W）
トースター	1,000	プラズマテレビ（42インチの画面の場合）	300
電子レンジ	1,000	真空管テレビ（30インチの画面の場合）	100
電気オーブン	3,000	コンピューター（モニターとスピーカー含む）	150
ドライヤー	1,600	電球	60
グリル	1,500	省エネランプ	15
フライヤー	2,000	ラジオ	30
		掃除機	1,200

この単元を「エネルギー取引市場」で締めくくってください。そのために、たくさんの電気製品名とその出力を黒板に書いてください。幾つかの例を表にリストアップしています。ここで挙げた数値を使う代わりに、自分たちの学校のそれぞれの道具に応じて出力を算出してその値を使用しても構いません。例えば「一五分トースターを使う」のと引き換えに、交換取引を開始してください。ここでは、同じ電気エネルギー量（つまり〇・二五kW時）が必要なほかの電気使用を挙げるよう生徒たちに呼びかけます（例、電球一個を四・二時間点灯する）。正しい取引値を上げた子どもが、次の問題を出すことができます。

この取り引きの際、電気エネルギーを熱に変えるこれらの製品こそが、重要な電力消費要因であることを、生徒たちは理解する必要があります。ここでは特に節約することが大切です。この遊びを適切にまとめてください。

経験と成果：この単元は物理の授業で緊張をほぐすのにも役立ちます。「エネルギー」、「仕事」、「仕事率」は、もっと低学年の子どもたち（だけではありませんが）にとってみれば、ほんとうに抽象的な物理の概念です。エネルギー交換市場はこの概念を目に見えるようにするのに役立ちます。

特別なヒント：あなたの学校の環境活動とうまく合えば、生徒たちが自分の日々のエネルギー使用を漫画にしたり、学級新聞や掲示板などで、適宜発表するのもよいでしょう。

人はどれくらいの力を持ってるの?　～人と機械の仕事と仕事率

ねらい　：機械が人間の持つ身体的な能力をどれくらい広げているかを理解し、正当に評価する。グローバルな視点でエネルギー消費を測るためのものさしに出会う。
対象グループ：七、八年生
専門との関連：物理（仕事、仕事率、エネルギー、エネルギー転換）
準備と実施にかかる労力：I
所要時間　：一～二時間

前提と準備：

補助教材として巻尺と体重計、ストップウォッチが必要です。

実施：

人間の体でどんな仕事ができるでしょうか？　人間が創った機械は？　これらの質問への答えが簡単な実験で調べられます。

実験：ある子どもがもう一人をおんぶして、できるだけすばやく校舎内の階段を上がります。時間をストップウォッチで計ります。階段の距離を測ります。他のペアもこの練習を繰り返します。

計算：ここでやり遂げた仕事は次のように計算できます。

仕事（W）＝質量（m）×重力加速度（g）×高さ（h）

その際、二人の子どもの距離は大まかなものです。仕事率は次の公式で算出できます。

仕事率（P）＝仕事（W）÷時間（t）

多くの場合、生徒たちは、一番早い場合が必ずしも一番高い仕事率になるわけではないということに気づいて驚きます。

何人のエネルギー奴隷を使っているでしょうか

国	1人当たりの年間1次エネルギー消費（2005）		
	石油換算トン（TOE）	kWh	エネルギー奴隷（人）
日本	4.4	51,000	58
ドイツ	4.4	51,000	58
フランス	4.7	55,000	62
イギリス	4.2	49,000	56
イタリア	3.5	41,000	46
EU平均	4.1	48,000	54
アメリカ	8.5	99,000	112
カナダ	11.2	130,000	148
中国	1.3	15,000	17
インド	0.4	5,000	5
ロシア	5.3	62,000	70
南アフリカ	2.6	30,000	34
メキシコ	1.7	20,000	22
ブラジル	1.3	15,000	17

出典：www.weltkarte-klimapolitik.de/>karten>Energy Consumption>Total primary Energy Consumption Per Capita（2008年3月4日時点）
1TOE＝石油1トンのエネルギー＝41,868GJ（ギガジュール）

こうして算出された値は、もちろん短時間の最も高い仕事率で、長時間持ちこたえることができるようなものではありません。平日八時間の間、仕事率を一体どれくらい継続して持ちこたえることができるか、生徒たちに予測させてみてください。

この実験は完全に正確なわけではありません。なぜなら、水平方向の動きとそのために必要な仕事率は無視されるからです。しかし、人間の大体の仕事率の能力を紹介するには十分です。

比較：掃除機や電気ドリル、バイク、自動車など、人間の役に立っている道具や機械はどれくらいの仕事率でしょうか？（追加課題：こうした道具に基づいてエネルギー消費と効率、仕事の関係について説明をしてください）。

人類は発明により、自分たちの身体能力を何倍にもする機械を生み出しました。蒸気機関や電気モーター、そして様々な燃焼モーターとそれぞれの発明家を例に引いて、これらの発明の功績を評価してください。

人間の身体能力の可能性を表すために、ドイツ人の大学教授ハンス＝ペーター・デュールが「エネルギー奴隷」という目に見える表現を作り出しました（ハンス＝ペーター・デュール、一九九八年）。エネルギー奴隷一人あたりが三〇〇（W）の馬力を持っており、一日に八時間働きます。つまりエネルギー奴隷は、一次エネルギー消費を目に見えるようにした物差しで、約八八〇ｋＷ時のエネルギー消費に相当します。

何人のエネルギー奴隷が先に挙げた道具に隠れているでしょうか？

二〇〇五年には、日本人一人当たりがエネルギー奴隷五八人を酷使しています。ドイツ人一人当たりも同じです。圧倒的トップは、カナダ人の一四八人、アメリカ人の一一二人です。しかし、他の国の人々は、ずっと少ないエネルギーしか使うことができません。発展途上国の子どもたちは、ドイツのエネルギー消費をどう評価するでしょうか？

キロジュールからキロワット時への変換は、公式と電卓を使って子どもたち自身で計算できるでしょう。

エネルギー社会が引き起こしている環境負荷のために、世界の人口のうち一人当たり約一五人のエネルギー奴隷（だけ）が継続的に認められるとされてます。これはヨーロッパの人々にとってみれば、今のエネルギー消費を四分の一に減らすということになります。

次の数十年の間にこの目標を本当に達成するために、二つの戦略が役立つでしょう。生徒たちはこの戦略のための実例を探し、自分たちの主観でそれらの例にどんなチャンスが与えられるのかを評価する必要があります。

■効率：優れた総合コンセプトに取り入れられた近代技術によって、はるかに少ないエネルギーや物資の投入でも同じ使用効果を生み出すことが可能になります。

質問例：ある品物をどうやって一番効率的にA地域からB地域まで運ぶことができますか？　学校ではどうやって冬の間、少ないエネルギー使用で一定温度に気温を保つよう暖房できますか？

■充足：この戦略では、人が何を手にいれ何を諦めるかをよく考えることが、まな板の上に置かれています。「もの持ちであるよりもよい生き方を選ぶ」は、前向きな指標となるひとつの理想像です（『地球が生き残るための条件』、一九九七年）。

質問例：B地域ではA地域の品物が本当に必要ですか？　もしくはその地域社会自体がひょっとしたら代わりとなる製品を作っていませんか？（どんな例があなたの生徒たちにここで思いつくでしょうか。二六五ページ参照）冬の間は校舎内はどれくらいの室温に保つべきでしょうか？

経験と成果：生徒たちが幼ければ幼いほど、この実験を楽しんで、スポーツ魂を持ってやり遂げます。

特別なヒント：エネルギーを節約して扱う方法については他の単元で掘り下げます。

人間とエネルギー奴隷

ひとりのエネルギー奴隷が300Wの馬力で1日に8時間働く

電気どろぼうたちをつかまえろ～探偵で環境保護に貢献

ねらい　：環境保護におけるデータの把握と処理を知る。学校の電気製品を突き止める。電気を節約するアイディアを発展させる。批判的な視点を育て、大人に対して自分の意見を表明し、主張する。
対象グループ：七、八年生　九、一〇年生
専門との関連：物理（仕事、仕事率、エネルギー、エネルギー転換）
技術（住まいと暮らし―家庭のエネルギー供給とごみ処理、エコロジーな消費対策、消費量の把握））
準備と実施にかかる労力：Ⅲ
所要時間　：二～三日のプロジェクト

前提と準備：

この単元にはエネルギー供給者からの領収書（事務や学校運営者）と電力メーターおよび各教室への

立ち入りが必要です。相談相手として主事さんが必要とされます。他の教員へはあらかじめ、生徒たちが調査の際引き起こすだろう騒々しさへの理解を求めてください。生徒たちがグループ作業向けに机を並べ替えられるよう教室を準備してください。生徒たちに必要なものは、通常の筆記用具と一ミリ方眼紙、電卓もしくは表計算プログラムつきのコンピューターです。

さらに、電気専門店で二五ユーロから見つかるエネルギー測定器が二、三個、デジタル温度計（五〇ユーロから）、照度計（五〇ユーロから）が必要です。エネルギー供給者にそうした測定器が借りられるかどうか聞いてみてください。

プロジェクト当日を迎える前に、教員もしくは、できれば生徒たちが一週間の間、電力消費を把握しておきます。一日の始まりと終わりにメーターを読み、数値を電力消費のワークシートに記入してください。

このプロジェクトを大人数のクラスで行う場合は、もう一人指導してくれる人員の助けが必要です。クラスを二つに分けて、もう一つのグループには熱供給や水の供給など他の環境テーマに取り組ませることもできるでしょう。

実施：

犯行：生徒たちを「電気どろぼう」の仕業に気づかせるため、電力消費のデータを紹介してくださ

ワークシート「電気どろぼう」

名前：					
メーター番号：			メーターの位置：		
検診日	日付	時間	メーターの数値	差（kW時）	特記事項
月曜朝					
月曜昼					
火曜朝					
火曜昼					
水曜朝					
水曜昼					
木曜朝					
木曜昼					
金曜朝					
金曜昼					
月曜朝					

い。

■私たちの学校の年間の電力消費はどれくらいでしょうか？　もっとわかりやすくいうと、年間の電気料金はいくらでしょうか？　このデータに基づいて各月の消費に分類できますか？　できる場合、見てわかるようにグラフを黒板に作成するか、生徒たち自身に表計算プログラムで作成させてください。

■一週間の電力消費は、登校日と休日ではどのように分布していますか？　さらに黒板にグラフを作成してください。加えて、パーセンテージを計算してください。

■生徒たちに、エネルギーと仕事および仕事率の概念について、習ったことを思い出させてください。日常的な言葉での「電力消費」という概念が、物理の視点からすれば正確ではなく、電力はもちろん消費されず、電気エネルギーが他のエネルギー形態に転換されるのだ、ということを説明してください。

■最初の手がかりをつかんだ後は、色々なことを関連づけて推論してください。電力消費の大部分は冬の間の授業のある日に偏っています。この点ではどの道具に「責任がある」といえるでしょうか？　でも、暖かく日の照る季節でも、また、夜や週末でもメーターは動いています。どの機械が当てはまると思われますか？

捜索：次の段階では、生徒たちは犯人の捜索へ繰り出します。指名手配書をみんなで作成してください。手がかりは指名手配書にあります。でも、よく調べもせずに指名手配書を使うようなことは

ワークシート：捜索

犯行状況／犯人	どこで発見したか	特記事項（例）
電気が無駄に点いている		教室に誰もいない。日光で十分明るい。
光の放射が妨げられている		照明が汚れている。照明カバーが光を邪魔をしている。反射板が足りない。
電気スイッチが非効率		照明が個別に点けられない（例えば、窓側、壁側、黒板の部分など）。
照明が明るすぎる／暗すぎる		詳しくメモをして、後で照度計で計る。壊れた照明をメモする。
電気ボイラーの設定が熱すぎる		原因を確かめる。温度を測る。
電気の暖房器		ラジエーター、電気ヒーターなど。注意：これらの機器はいつ動いている？　出力を確認する（ステッカーで、もしくは測定する）。
スタンバイモードの機器		どの機器（テレビ、ビデオ、その他）？　原因を確かめる。出力を測る。どの時間帯にどれくらいの時間使われているか。
無駄に動いている機器		どの機器（例、使わないのにコピー機がついている、使わないのにコンピューターやプリンターがついている）？　出力を測る。
電気コンロ、温熱維持機器		必要以上にスイッチが入れられている。
冷蔵庫／冷凍庫が無駄についている		なかに何が入っている？
食器洗浄機		最大容量の半分で使用している。

せず、自分たちの状況に合わせてください。生徒たちにはどこを捜せばいいかはっきりさせる必要がありますが、まだ指名手配書のリストに上がっていないような犯罪の構成要件に対しても彼らの視点は自由であるべきです。生徒たちは本当にきちんと調査し、あらゆる「特異な事件」を書き留める必要があります。

次に、任務を適当に分けてください。例えば小グループを作って、校舎の各箇所を調べさせてもよいでしょう。また、捜査の際には、こっそりと慎重に行うよう注意してください。

経験によれば、悪事を働くそれぞれの特徴に従って、電気製品を四つの犯人グループに分けるとよいようです。

■電灯：電球ひとつひとつは確かにわずかな出力しかありません。しかし、電球がたくさんあって長時間点いているとなると（概算値：年間六〇〇時間）、照明はかなりの電気消費者です。

■コンピューター：コンピューターも、単体では非常に少ない出力です。しかし、ドイツの学校では九〇年代以降、隙間もないほどコンピューター技術が整備されました。〝通常の〟学校ならコンピューター室が一つか二つあります。さらに、機器は一日にかなりの時間点いていることが多く、ネットワークサーバーなどは休むことなく動いています。そのため、コンピューターは昨今重要な犯人グループとして扱わねばなりません。

■その他のこまごまとした道具：もしかすると真っ先に目を引くかもしれない電気製品として、コピー機、コンピューター、テレビ、ビデオがありますが、これらは全体的に比較的少ないエネルギーしか消費しません。そのため、ここでは省エネできる量も少ない可能性があります。しかし、生徒たちにお馴染みで、ある意味で「象徴的な力」を持つこれらの道具を考慮することに意味はあるでしょう。

■熱供給：電気エネルギーを熱に転換する道具のほとんどが、非常に高い出力（数百から数千ワット）を持っています。また、数が少なく、短時間しか使用しなくてもかなり電気を食います。

■暖房技術：暖房が石油であろうとガスであろうと、ポンプや送風機、制御技術にやはり電気を必要とします。循環ポンプなどは四六時中動いている可能性があります。しかし、この犯人グループには、もっと掘り下げて省エネに取り組みたく、且つ時間がある場合にだけ取り組むようにしてください。

状況確認：各グループが捜索結果を発表できるのに十分な時間をとってください。重要な情報を黒板に書き出してください。生徒たちが特別な事件を十分詳しく話せない場合は、質問をしてください。人間である共犯者の有罪を立証してください。つまり、それぞれ誰と相談したらよいか、考えをめぐらせてください（学校行政機関、学校長、主事、全校生徒および教職員など）。

暴かれた犯罪を評価しようとしてください。機械を無意味に使うことで、どこでたくさんのエネルギーが無駄にされているのか。生徒たちは、電力の大喰いが消費するエネルギー量を、次の公式で計算できます。

仕事（W）＝仕事率（P）×時間（t）

出力Pは製品ラベルで確認できますし、エネルギー測定器で測ってもよいでしょう。機器の数、たとえば一教室の電球の数などは、当然反映させる必要があります。時間も大体推定できるはずです。休憩時間に皆が校庭にいる際にも照明が付けっ放しであったりすれば本当に簡単です。難しい場合は、犯罪科学的な勘に頼るか、さらに本格的に調査するほかありません。

しかし、この公式がそう簡単に当てはめられない機械もたくさんあります。なぜかというと、出力がいつも一定なわけではないからです。電気ボイラーは確かに常に回線につながっていますが、二〇〇〇Wのコイル式熱交換器は内部の水の温度が下がったときにだけ動きます。電気製品については、基本的に様々な運転状況に合わせて見極める必要があります。さらにオーディオ機器については、消費電力はどれくらいの音量に設定してあるかにもよります。そのような機器にはエネルギー測定器の時間を長めに取ってください。エネルギー測定器にはメーターの機能もあり、電気メーター同様に消費電力を測ることができます。

これらの個々の犯罪をきちんと評価するのは、実にやっかいな仕事です。個々の機器の消費電力を決めるのはあまり意味もないし、必要でもありません。生徒たちが要点を理解し、特にどの機器に気をつけなければならないか、その理由をうまく納得できれば、それで十分です。

対策：残りの時間を実際の省エネ対策を提案するのにあてる必要があります。生徒たちは問題全

ある学校の1週間の電力消費（コペルニクス学校、ビュッツォウ）

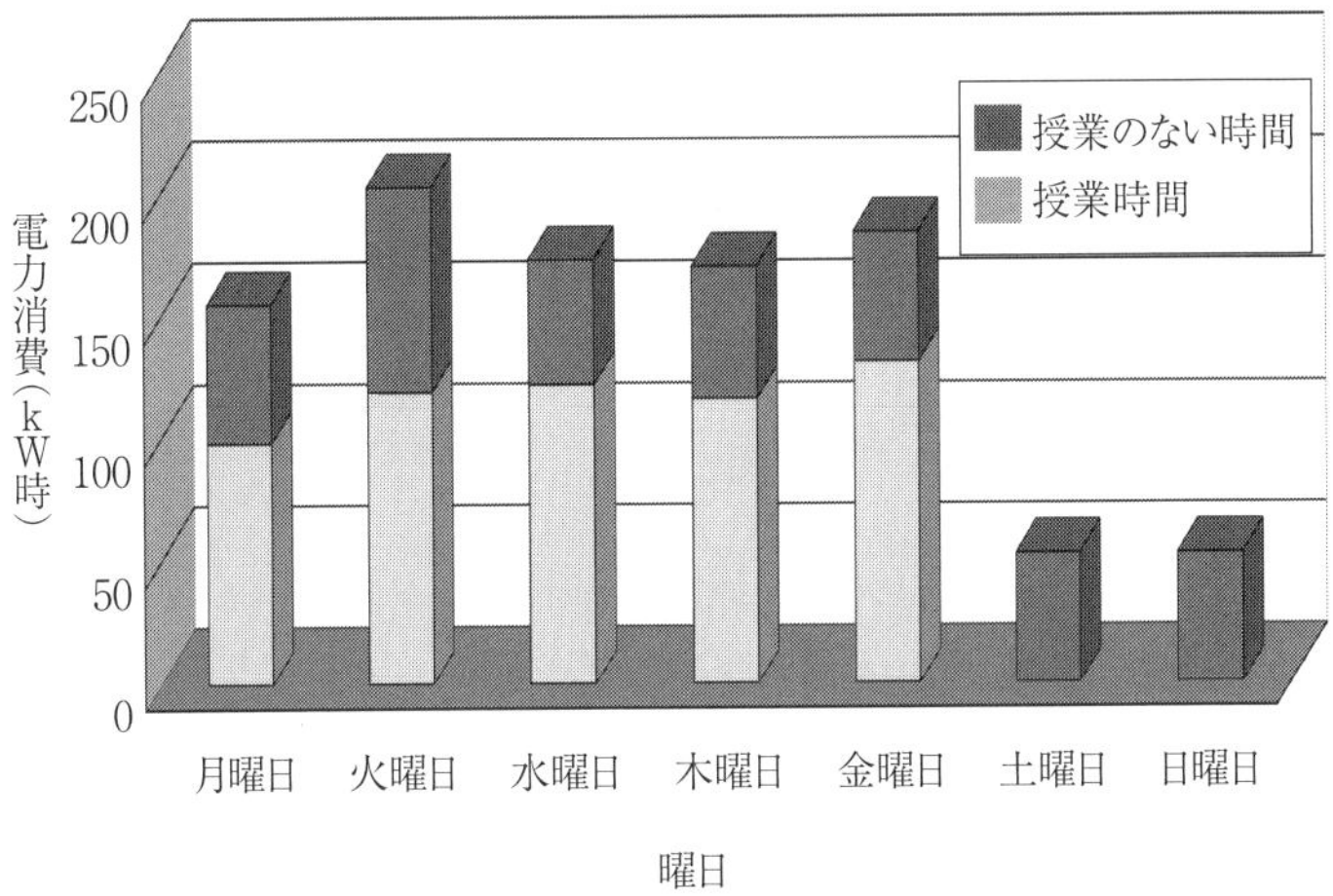

てを自分たちで解決できるわけではありませんが、それぞれの責任者と相談し、そのことで変えることができます。さらに、どういった批判をどういう人に向ければいいのかをはっきりさせなければなりません。生徒はたとえば次のようなことができます。

■指名手配書を書き、校内に掲示します。それにより、全ての生徒および教員に、電気機器を使用しないときはスイッチを切ることを呼びかけます。

■批判や提案を箇条書きにして書きとめ、校長や主事さんと議論します。

■批判と提案の手紙を学校運営者に出します。

ここでは、生徒たちが正しい語調を見つけるのを助けてください。というのは、大人は子どもから批判されると、やりにくいと感じるからです。しかし、正当な批判が大人たちに不当に扱われるような場合も助けてあげてください。

締めくくり：このプロジェクトに対する個人的な意見を述べる機会を生徒たちに与えてください。ここでは、たとえば一四三ページに紹介したダーツボードに手を加えて使用してもよいでしょう。批判や提案によって反応があったり変化を起こせたら、適宜生徒たちと一緒に評価してください。

経験と成果：学校の省エネプロジェクトは広まっています。生徒たちが、教員や主事さんや他の学校関係者と一緒に、学校のエネルギー消費を効果的に削減し、それによって生徒たちの創造力を大きく育むことができるということが経験からわかります。

特別なヒント：この単元では、子どもたちは学校のエネルギーの取り扱いの最初のアプローチを得るに過ぎません。このテーマは以下の方法でさらに掘り下げることができます。

■データを取る対象を広げ、例えば暖房技術（ポンプ、送風機、制御技術）を対象に入れたり、もしくは独自のデータ（使用者の人数や校内の使用領域との関係における消費電力）を算出したりします。
■全校での省エネ週間を企画運営します（省エネ週間のグラフ参照）。
■提案した改善を専門の人だけに任せるのではなく、自分も手を貸します。
■フィフティ・フィフティなどのしくみで、省エネで浮いたお金を学校がいくらかもらえるように手を尽くします。
■電気を節約するだけではなく、自分たちで太陽や風から電気を作ることも考えます（※手間に対す

省エネ週間の評価　リュッテン=クライン総合学校

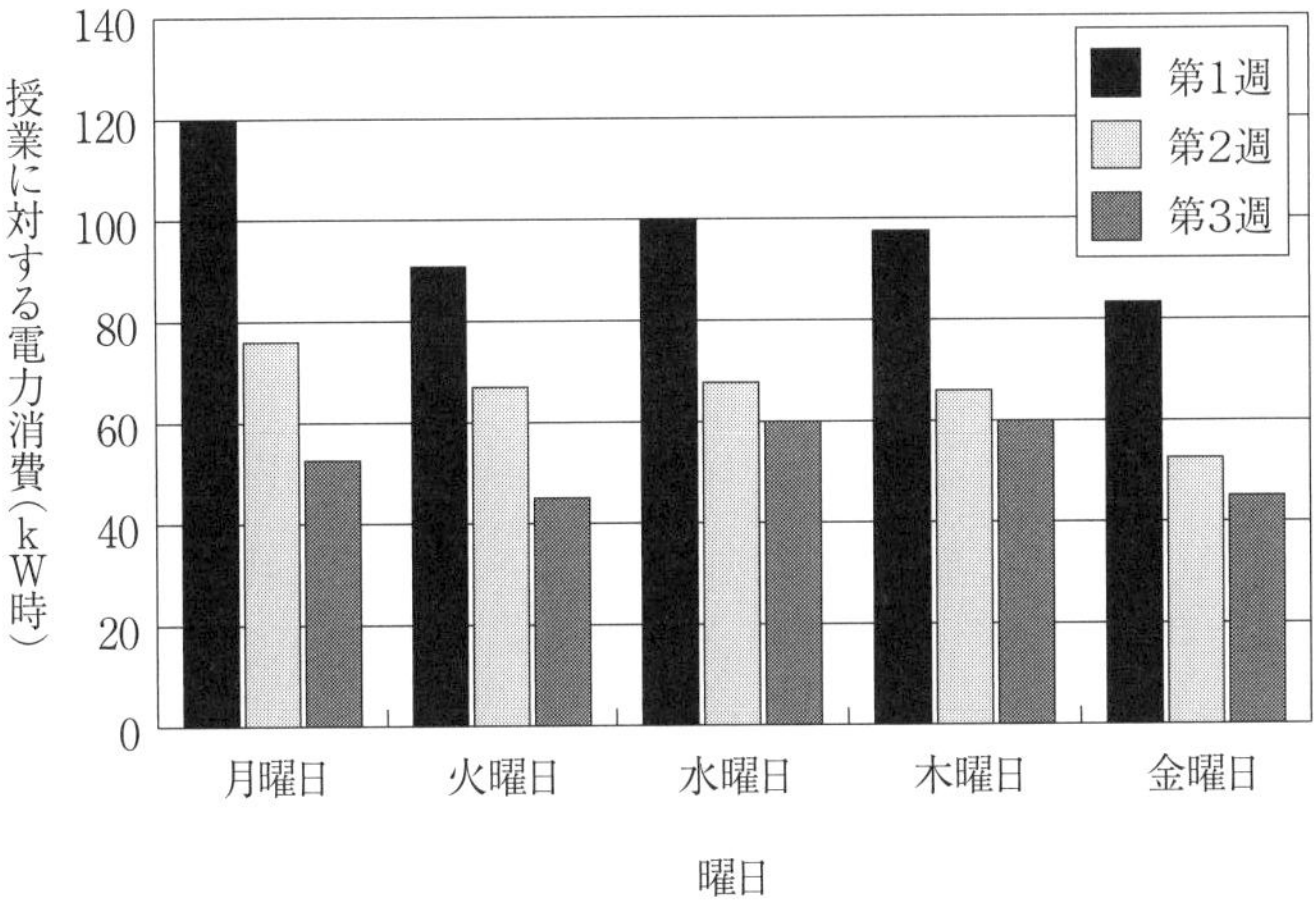

ロストックのリュッテン＝クライン総合学校は、省エネ週間で授業時間に必要な電気エネルギーの47％を節約しました（第１週目と３週目の比較）。
出典：リュッテン＝クライン総合学校および社団法人北部環境事務所、1999年

る効果を考えれば、また、エコロジー・エコノミー的な視点からすれば、まずは省エネが先決です。もちろん教育的視点からは他のものを優先することになるでしょう）。

■発電の環境への影響を研究します。

しかし、これらの課題に取り組む場合、高額の費用を見込む必要がある場合もあります。

電気製品の購入時点で、既に将来的な電力消費が決まる場合がほとんどです（たとえば冷蔵庫や電気コンロにはエネルギー消費の多いもの、少ないものがあり、また、教室の照明にも賢い配列のもの、そうでないものがあります。製品の購入後には、それを賢く使うか否か〝だけ〟の話です）。そのため、学校で新たに製品を購入したり、

投資する際には、あらかじめ環境面を考慮するようにするのが特に大切です。しかし、これについてはこの単元ではなく、エコオーディットの手法（三二二ページ参照）が適しています。

賢く&協力して～最新技術でエネルギーを節約する

ねらい：省エネへの技術的なオプションを知り、理解する。若者の生活と消費社会の結びつきを見つける。環境保護における経済的な考え方を見につける。
対象グループ：九、一〇年生
専門との関連：社会（エコノミーとエコロジーの緊張関係）
職業技術（エネルギーと環境、技術的な進行の制御）
物理（エネルギーと環境）
準備と実施にかかる労力：Ⅰ
所要時間：一～二時間

前提と準備：

この授業にはＤＩＹ（di-it-yourself、日曜大工）専門店のカタログ、エネルギー測定器（専門店やホームセンターで約二〇～五〇ユーロで入手可）一～二個、学校の電気製品のある場所への立ち入りが必要です。また、電気料金体系（契約電力、税金を含むｋＷ時単価）について調べてください。生徒たちがグループ作業向けに机を並べ替えられるよう、設備の動かしやすい教室で行うのがよいでしょう。

実施：

三段階に分けて作業を進めさせてください。

情報収集：カタログから省エネに役立つ機器を選び出します。目次や索引で探すことができます。生徒たちができるだけ自主的に探すようにしてください。うまく探せない場合、特に以下の機器などを提示してもよいでしょう。

■省エネランプ
■調光装置
■タイマースイッチ
■待機電力スイッチ
■省エネタップ（マスター／スレーブ機能付きもあり。つまり、接続した機器の使用時に自動的にタップのスイッチをＯＮ／ＯＦＦする）。

これらの機器がどう機能するか、どこに使用できるかをクラスで話し合ってください。カタログがこの情報をうまく表せているかどうか、生徒たちに評価させてください。

活用例を考える：第二段階では、これらの機器がどれくらい環境にやさしく経済的な使用法をもたらすかを評価してください。そのために、自分たちの学校や生徒たちの家庭での生活と結び付けて、実際の活用例へと発展させてください。どの例にも、エネルギーを無駄に消費するタイプと省エネできるタイプが出てくるようにします。どちらのタイプも具体的に、生徒たちが消費電力と購入コストを調べ、このあと小グループに分かれて経済性を判断できるようにする必要があります。

次の例は方向付けに役立つでしょうが、みんなが考えだした使用例と交換することは決してしないでください。

■六〇ワットの電球を同じ明るさの省エネランプに交換します。省エネランプ一個は電球一個よりもはるかに高いですが、長持ちし（これは絶対に考慮しなければならない）、わずかしかエネルギーを消費しません。省エネランプ一個が寿命を迎えるまでで、どれだけのkW時とどれくらいのお金が節約できるでしょうか？（寿命は使用時間で割り出せます）。

■広めの空間（例えば廊下など）は、一日八時間一〇〇ワットの電球二〇個で照明されます。しかし、このうち数時間は窓から陽がさすこともあります。ですので、調光装置を取り付ければ、五時間は以前同様二〇〇〇ワットが必要だとしても、一日につき三時間、合計一〇〇〇ワットの照明を削減することができます。調光装置の元が取れるまでにどれくらいかかるでしょうか？　五年間でどれくらいのkW時とお金が節約できるでしょうか？　（省エネランプを取り付けても調光できませんが、その代わりにどんな効果がありますか？　作動報知器を使ってたとえば休憩中など一日三時間だけは一定に照明すること、需要に合わせて制御することにはどんな効果がありますか？　他にはどんな方法があるでしょうか？）

■コンピューター室には、多くの周辺機器が装備されていて、それぞれ外部のネットワーク機器を通じて電力が供給されています（例えばプリンター、スキャナー、ジョイスティック、アクティブボックスなど）。これらの機器はすべて年間二〇〇日に六時間ずつ使用され、それ以外では電源を切っています。しかし、外部のネットワーク機器は常にネットワーク上に存在し、待機時にもエネルギー消費しており（静かにブーンと鳴ったり、やや熱を持ったりしている際がそうです）、実に合計二〇ワットにもなります。こうした大まかな値ではなく、全てのデータを現地で測るほうがよいのは言うまでもありません。省エネの方法としては、機器を使用しないときは省エネタップを使ってすべての機器への電力供給を手動で止めます。（他の方法としては、マスター／スレーブ機能付きの省エネタップを使用します。この機器を使うと、マスター機器であるコンピューターの電源をＯＮ／ＯＦＦすると、即座に周辺機器の電源ＯＮ／ＯＦＦが自動的に行われます。このタイプは高額ですが安全です。なぜなら電源を落とすのを忘れずにすむからです）。省エネ対策が元を取るのにはどれくらい時間がかかるでしょうか？　どれくらいのkW時とお金が五年間で節約できますか？

■テレビ機器（受信機、テレビ）は毎日四時間使用されています。使用後はリモコンでスタンバイ状態に置き換えられます。これにより合計一〇ワットを消費しています。また、ここでは大まかな値

スタンバイモードによるエネルギー喪失の例

機器	スタンバイモードのエネルギー喪失（例）（ワット）	スタンバイモードのエネルギー喪失（測定）（ワット）	年間の費用
DVDプレーヤー	15		
パソコンのスピーカー	10		
黒インクジェットプリンター	12		
カラーレーザープリンター	103		
スピーカー	57		
DVDレコーダー	63		

出典：独環境庁（2008）：家庭の省エネ、エネルギーの正しい使用についてのアドバイスと情報
http://www.umweltdaten.de/publikationen/fpdf-l/188.pdf

ではなく、現場でデータを取る必要があります。省エネ対策としては、それ自体が〇・五ワットしか電力を消費しない待機電力スイッチを取り付けます。これが元を取れるまでどれくらい時間がかかるでしょうか？

どれくらいのkW時とお金が五年間で節約できますか？

まとめとディスカッション：生徒たちはグループで得た成果を集めます。次の問題についてディスカッションします。

■どの例が特に経済的な省エネにつながりますか（短期間で元が取れる）？　このために企業ができるだけ高い利益を得ようとしたら、どのようなことが考えられますか？

■エネルギー料金はこの例の経済性にどのような影響を与えていますか？　環境税

によってエネルギー料金が上がったり、電力市場の自由化により料金が下がったら、これらの省エネ機器はどれくらい活用されるでしょうか？

■他にはどのような対策で電力を節約できるでしょうか？

■学校では具体的にはどのように進めればよいでしょうか？

経験と成果：ドイツ環境自然保護連盟（ＢＵＮＤ）の報告によれば、平均的な設備の世帯では、待機電力に年間六三ユーロ、設備の多い世帯で年間一七五ユーロを支払っています。これが大体の平均的な数値だとしても、電力の浪費をとめたほうがいいということはわかります。

特別なヒント：経済性が推測できる納得のいく、且つ現実的な例をみつけるということに特に注意してください。

いくつかの経済的な対策を生徒たちと一緒に実行に移すようにしてください。ここでは、コンピューター室や視聴覚室が比較的簡単に取り組めますが、もっと電力消費が大きく、もっと大きな省エネの可能性があるのは照明のほうでしょう。

参考情報（指導者向け）

・『ファクター４――豊かさを２倍に、資源消費を半分に』エルンスト・ウルリッヒ・フォン・ワイツゼッカー、L・ハンター ロビンス、エイモリー・B・ロビンス（共著）、佐々木建（訳）省エネルギーセンター、ローマクラブの報告。

・ロッキーマウンテン研究所のホームページ（英語）

http://rmi.org/

非営利の施設で、持続可能な発展の様々な問題の研究や発展に取り組んでいる。一九八二年にL・ハンター・ロビンスとエイモリー・B・ロビンスが設立。

・ヴッパータール研究所のホームページ（英語）

http://www.wupperinst.org/en/home/index.html

持続可能な発展の理想像や戦略、手段について研究・開発している。エルンスト・ウルリッヒ・フォン・ワイツゼッカーが所長。

寒い日には熱ーいアドバイス～暖房時の省エネ

ねらい：学校における熱供給を知り、効率を高める。環境保護におけるデータ処理を知る。省エネへのアイデアを発展させる。批判的な視点を育て、大人に対して自分の意見を表明し、主張する。

対象グループ：九、一〇年生

専門との関連：社会（エコノミーとエコロジーの緊張関係）
職業技術（エネルギーと環境、技術的な進行の制御）
物理（エネルギーと環境）
情報学（電子データの処理）

自然科学（エネルギーと環境）

準備と実施にかかる労力：Ⅲ

所要時間：二～三日のプロジェクト（暖房使用時期）

前提と準備：

暖房器具に詳しい専門知識のある相談相手（例えば主事さんやエネルギー会社の職員）や、事務員か学校運営者が持っているエネルギー供給者からの領収書が必要です。生徒たちが各教室へ出入りできるように調整し、生徒たちがうるさくするかもしれない旨他の教員に理解を求めてください。グループ作業の際に机を移動できるよう、机を動かせる教室で行ってください。生徒たちには通常の筆記用具と一ミリ方眼紙、電卓、（あれば）表計算機能のあるコンピューターが必要です。

高精度のデジタル温度計が二、三個（電気専門店で五〇ユーロから入手可）必要です。夜間の温度計測には温度記録計や、測定記録機能付きデジタル温度計とコンピューターインターフェイス（ソフトウェア付きで一五〇ユーロから、性能によって価格に差がある）を調達する必要があります。手ごろなのは最高最低温度計（精度の良いもので五〇ユーロから）ですが、ここで得られるデータは継続的に測定する場合よりももちろん精度は落ちます。

カメラは資料作成に役立ちます。

この多岐にわたるプロジェクトの前に、他の文献を使って内容を掘り下げるなど、準備をしてください。また、学校外部のパートナーの支援を導入するのも役立つでしょう。グループを分けて、他のグループには電気や水の供給など他の環境テーマに当たらせてもよいでしょう。

実施：

導入（一時間）：このテーマの雰囲気づくりには連想が適しています。生徒たちは黒板に向かって円を描くようにして座ります。黒板に「エネルギーというテーマで思いつくのは……」と文章を半分書きます。生徒たちは順繰りに、残りの文章を補って二つか三つ文章を作り、このテーマに対する自分の視点を表現します。その際、生徒たちが自分の文章を完全に話すようにし、他の子どもが口を挟まないよう気をつけてください。すべての子どもが発言を終えたら、テーマの分野によって発言を整理し、次に調べるべきテーマへと誘導してください。

次に、作業の目的および続く数日間の課題、そして小グループでの作業について説明をしてください。

続いて、クラスを三つのグループに分け、暖房機器と室温、暖房でのエネルギー使用量および料金を平行して調べさせてください。

データ測定（約一日）：

暖房機器：生徒たちはワークシート（七一ページ）に基づいて暖房機器がどう機能するかという問

ワークシート：暖房機器

学校の暖房機器の重要な設備や機能を図に書こう。

その際、以下の概念を用いなさい。

燃料、暖房用ボイラー（どこにある？）、煙突、循環ポンプ、暖房循環、暖房用コンピューター、セントラルヒーティングの設定温度（訳注参照）、夜間時の低めの温度設定（訳注参照）、ラジエーター、サーモスタット弁、中央給湯（訳注参照）。

（訳注：ドイツではセントラルヒーティングおよび中央給湯システムが一般的であり、お湯の温度と量を中央管理できる。夜間時は需要が少ないため温度を低く設定する）。

それぞれの設備がどこにあるかを書き入れよう。


校舎の建物のどの部分に暖房が供給されているか、どんな暖房循環がされているかを突き止めよう。調べてわかったことを全部書きだそう。

題・課題を探ります。暖房のある地下室を見学し、責任者に質問します。

室温：グループで各教室の温度を測ります。生徒たちは次に、自分たちの学校にはどのような種類の教室があるか、それぞれどれくらいの温度が適しているか、どの教室を例にとって調べてみたいかを考えます。これらの課題を自分たちで作成したワークシート（例七三ページ）に記入します。続いて、二人か三人で少なくともそれぞれ一〇教室ずつ、温度計を使って温度を計測します。全ての部屋それぞれで三クール測定する必要があります。つまり、例えば初日の午前・午後と二日目の朝測るなど。

また、生徒たちは、決まった部屋でドアが開けっ放しになっていたり、窓が壊れていたり空気が悪かったりと、悪いところを見つけたらメモするようにします。

この課題がきちんと分担できたら、次に生徒たちに温度計の使い方を説明し、測定に送り出してください。

測定が終わったら、生徒たちは次の計算をします。

① 表中の行で各部屋の測定値の平均と、適正温度と平均値との差を計算します。これによりどの部屋が適切に暖房されているか、暑すぎるのか寒すぎるのかがわかります。

② 表中の列で各測定回の測定値の平均値と、適正温度の平均値を計算します。これにより時間的な気温の揺れが確認できます。

③ それぞれの平均値の平均と割り出した差を計算します。これにより、どの測定平均でもいか

ワークシート：室温

名前：							
部屋（名前、番号）	適正温度（℃）	計測温度（℃）※ 3回計測			各部屋の測定温度の平均値（℃）	平均温度と適正温度の差（℃）	特記事項／気づいたところ
平均値（℃）							
時間帯（日付、時間）	計測1回目　から　まで　外気温1（℃）：						
	計測2回目　から　まで　外気温2（℃）：						
	計測3回目　から　まで　外気温3（℃）：						
適正温度の例（ドイツ工業規格DIN 4701-2、表1）：教室、事務室、ホール、体育館：20℃、トイレ、廊下：15℃、お風呂場、シャワー室：24℃、その他の暖房のない空間（例、階段）：10℃							

に適正温度がうまく保たれているのかがわかります。

コンピューターの表計算で計算すると特に効率的です。結果はグラフ化して役立てます。夜間も継続的に測定した場合も同様です。（七七ページのグラフ参照）

暖房使用量と料金：生徒たちはエネルギー供給者の領収書について学びます。数年間分のデータがあれば一覧表とグラフにします。データを各月ごとに分けられれば、月ごとに処理します。

次の問題を議論します。

■学校は年間どれくらいのお金を暖房エネルギーに支払っていますか？
■調査した日程ではどれくらいのエネルギー消費が確認できましたか？
■天候の影響はありますか？
■他にどんな影響がありますか？
■夏の時期にはどんなエネルギー消費が考えられるでしょうか？

できれば、特殊な暖房エネルギー消費（㎡ごと、年度ごとの使用量参照）も計算します。これらの数値を他の学校と比べることもできますし、エネルギー消費の評価のための手がかりが見つかるかもしれません。

批判と対策：暖房供給

よくある悪い点	改善案	対象
どの部屋も暑すぎる	暖房のカーブを修正する。集中管理暖房機の大元の温度設定を弱める（設定温度を2度変えると約1度室温が変わります。	暖房責任者（例、主事さん）
非居住空間（トイレなど）が暑すぎる	この部屋の温度調整つまみを低く設定する。例えば2（訳注：温度調整つまみは各部屋にある）。	主事さん、もしくは教員、生徒たち
夜間も教室の温度が高い	夜間に落ちる大元の設定温度を弱める（上記参照）。	暖房責任者（例、主事さん）
温度調整つまみがない	温度調整つまみを取り付ける（高額の投資だが、通常は経済的な対策）。	学校運営者
隙間風が入る	機密性の低い窓とドアの隙間をふさぐ。	できる範囲であれば、主事もしくは教員、生徒
ドアや窓が開けっぱなしになっている	冬の間はドアや窓は短時間だけ開ける。	全教職員、生徒たち
空気の悪い部屋がある	換気する（短時間に一気に）。	全教職員、生徒たち

弱点と改善点の提案（半日〜一日）：すべてのグループが作業を終えたら、結果を集めて、問題点をあげてください。どの子どもも他のグループのデータを理解する必要があります。必要なところで批判的な視点がきちんと出されているか、気をつけてください。

ここでは弱点を克服する考えを発展させることができます。また、生徒たちは何を発表するのか、誰に対しての提案なのかを、できるだけ詳しく表現する必要があります。

よくある悪い点と提案の例をいくつか七五頁の表に書いてあります。しかし、これらは完成した一覧表などではなく、単に考えるきっかけに過ぎません。

室温を約一度上げるのに約六％多く暖房費がかかることを特に考えてください。快適さや環境保護〝だけ〟でなく、経済的な面にもしっかり関係しているのです。学校運営の責任者に相談してみる場合などは特に、経済的理由が重視されるかもしれません。

発表（半日〜一日）：通常はここで明らかになった悪い状況を自分たちで直すことはできないので、注意や考えをそれぞれ誰に向ければいいのかを考える必要があります。発表の形式は、誰に情報を伝えたいかで変わります。

室温　適正温度と現状（コペルニクス学校、ビュッツォウ）

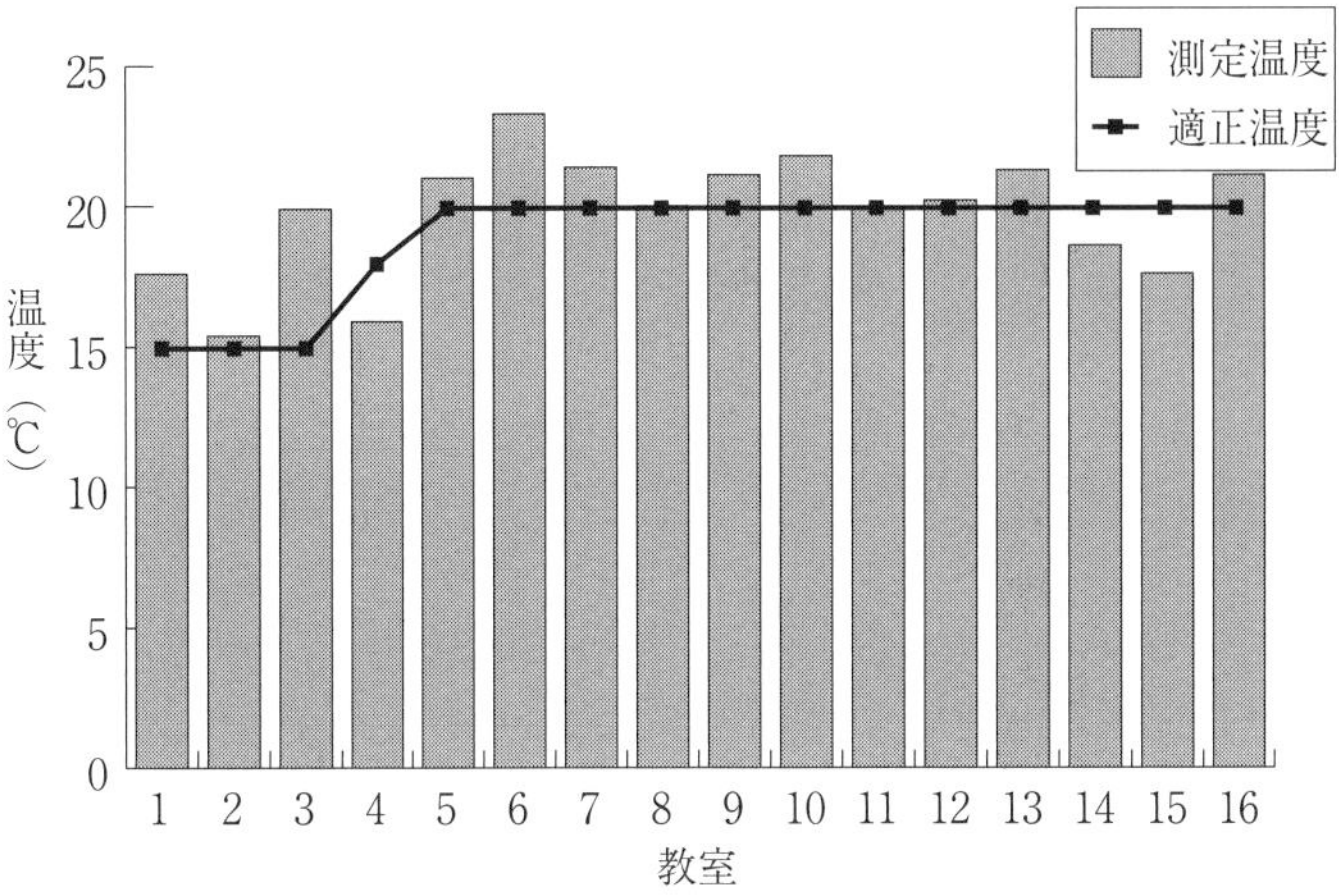

職員室での温度変化　ネリー＝ピュッツ職業学校、デューレン

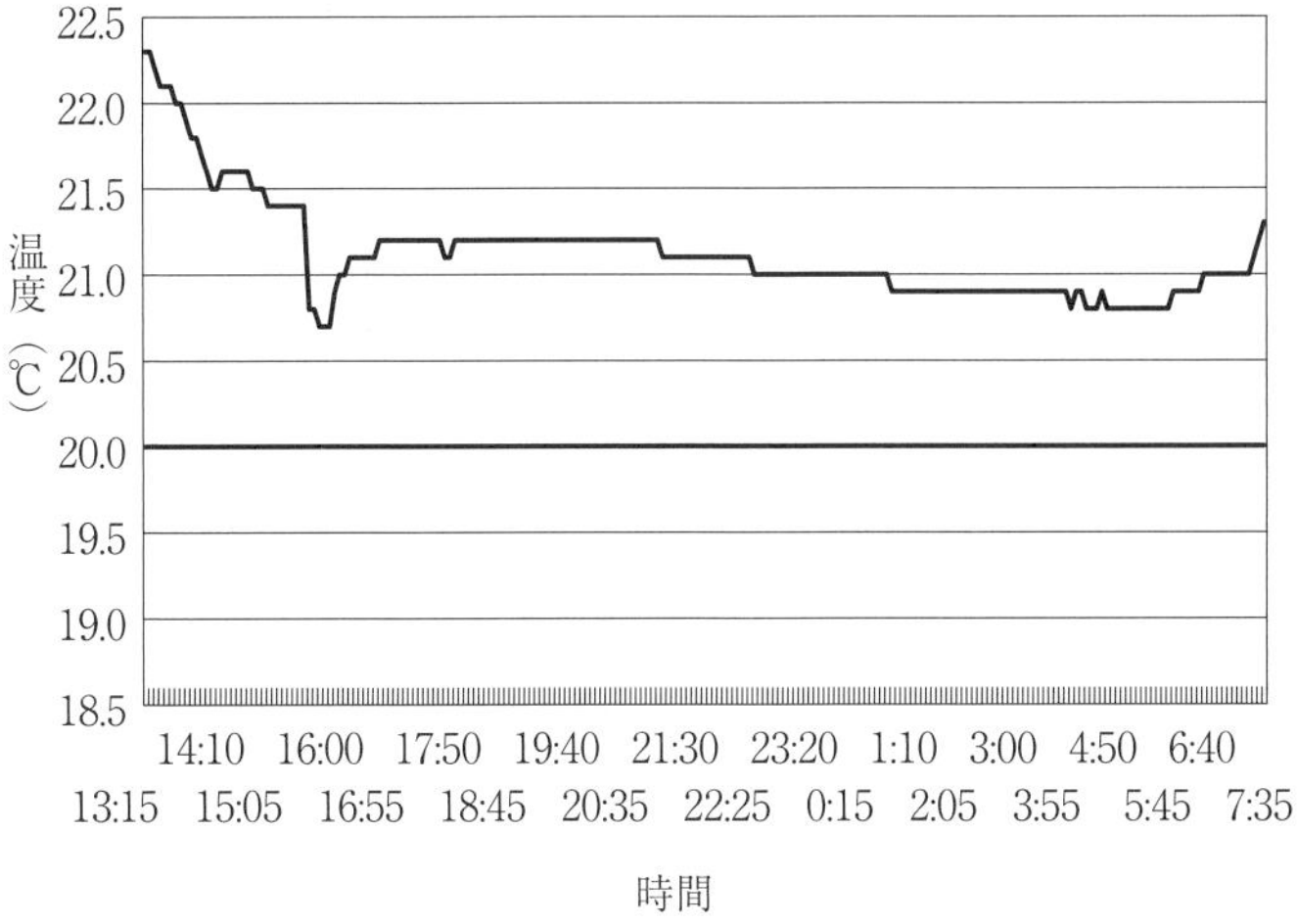

学校の広報としては、ポスターを上手に描けば十分です。ここでは、どこに何を並べるかなどの詳細よりも、わかりやすく目立つ表現のほうが大切です。生徒たちも、何か特別な弱点を指摘するような面白いアクションを思いつくかもしれません（例えば、過度に暖房された部屋の責任者には水着を贈呈するなど）。ここでは生徒たちが創造力を発揮できるよう盛り上げてください。

校長先生と学校運営者には、確かで詳細な情報が必要です。責任者を自分たちのクラスに招いて、一緒にプロジェクトの成果について議論してください。生徒たちが自分たちの調べたことと提案を自信を持って主張できるよう、ディスカッションの準備を手伝ってください。教員がディスカッションの司会役をして、生徒たちの正当な批判を大人が考えるふりをしながら言葉巧みにつぶすのを防いでください。責任者へは手紙で伝えることもできますが、これはあくまで第二の手段です。

また、主事さんとは教員が直接話すのがよいでしょう。しかし、主事さんへ仕事の指示をするのは、もちろん生徒たちではなく学校長や学校運営者です。

経験と成果：少なくともここ一〇年間は、生徒たちと教員が一緒になって学校のエネルギー供給をなるべく良いものにしようと努力してきています。この点で先を行っているのが、ベルリンのアスカニッシェ・ギムナジウムです。学校の省エネに大きく特化した自治体のプログラムが、例えばハンブルクやハノーファーで実現しています。経験によれば、態度を改めるだけでも暖房エネルギーの一〇〜二〇パーセントが節約できます。それで一校あたり年間数千ユーロものコストが削減できるのです。

特別なヒント：あなた方の学校で、長期的かつ効果的に環境保護を促進したいなら、環境マネジメントシステムを導入するとよいでしょう（「環境保護を組織する」参照、三二一ページ）。フィフティ・フィフティなど、学校が節約したお金を返す仕組みを学校運営側が取り入れれば、省エネ週間プロジェクトも大きな励みとなるでしょう。

ネガワットは貯金箱〜資源を大切するための経済的インセンティブ

ねらい：環境保護の経済的手段を知る。問題を解く。意見と論拠を身につけ、主張する。仲間と創造的に学ぶ。文献やインターネットの情報、電話を使って調査する。

対象グループ：九、一〇年生

専門との関連：社会（エコノミーとエコロジーの緊張関係）
職業技術（エネルギーと環境）、物理（エネルギーと環境）
国語（口頭コミュニケーション）
情報学（インターネットでの調査）

準備と実施にかかる労力：Ⅱ

所要時間：二日のプロジェクト

前提と準備：

「ネガワット」という概念は、省エネを「エネルギー源」として開発し、そのことで新たな発電所の建築を無用と考える戦略を代表するものです。

もし自分の学校を長期的に環境に適応した学習の場にしようとするなら、経済の問題と直面するのは避けられないでしょう。「通常の」学校の根本的なジレンマは、次のように言えるでしょう。一方では、環境活動にはお金がかかり、また、学校運営の資金もぎりぎりのところでやりくりしています。またある一方では、エネルギーや水道の使用量やごみの量を減らせば、お金を節約できます。しかし、教員や生徒たちはこの節約したお金を見ることはなく、お金は学校運営者の手に残ります。

こうしたジレンマを乗り越えるのを助けてくれるような、さまざまな実例のモデルがあります。

この授業では、生徒たちはこれらのモデルのどれが自分たちの学校に向いているかを知ることができます。ここでは、参考文献として紹介する本のうち何冊かと、インターネット接続のできるコンピューターと電話が必要です。既に他のプロジェクトで、自分たちの学校のエネルギー消費や他の環境問題について取り組んだことがあり、その基本的な情報を活用できることが前提です。これには、コストや環境に適した行動で実現できる省エネの内容に関する情報も含まれます。機会があれば、生徒たちに、これまでにまとめ・評価した成果を発表する場を設けてもよいでしょう。

あとは、グループ作業ができるよう、机の動かせる教室が必要です。また、ＤＶＤ『不都合な真実』を用意し、上映できるように準備しておきます。

実施：

導入（一時間）：このプロジェクトの雰囲気づくりには、ノーベル平和賞を受賞したアル・ゴア氏の映画『不都合な真実』が活用できます。映画は、確かに生徒たちが単に受身で〝受け止める〟ことができるだけの道具です。しかし、その反面、この映画では気候変動という課題が非常に生々しく描かれており、今後の生徒たちの行動へとつながる充分な機会が得られます。

この導入部にどれくらい時間をかけるかを考えて、前もって映画を見て、場合によっては一部のみを上映するようにします。この導入部は、次の問いへつながります。「私たちが気候変動に対して学校でできることはなんだろう？」

使用料金と使用量の予測（一時間）：ここでは、自分たちの学校でのこれまでの環境保護への取り組み状況を紹介します。（できればそれに従事した生徒たち自身が紹介するようにしてください）。

一　どれくらいのエネルギー（電気、暖房）を私たちの学校では消費しているか？　どこでエネルギーが無駄遣いされているか？　どんな対策でエネルギー消費が抑えられるか？

二　再生可能エネルギーの使用可能性としてはどんなものがあるか？

三　私たちの学校ではどれくらいの資源を消費し、どれくらいのごみを生み出しているか？　どんな対策によってごみを減らすことができるか？

四　学校敷地内ではどうやって気候保全に貢献できるか？

五　日ごろの通学でどれくらいのCO_2を排出しているか？　この分野ではどの程度、気候保全へ貢献できるか？

六　どの対策ならお金の節約に繋がるだろうか？　どの対策には投資が必要か？

ここでのポイントとなる質問は、一、二、三、六です。

どんなアイディアが見つかったか、それはどんな経済的作用があるか、みんなで考えてください。

次のような例があります。

■自分たちの学校校舎の設備が旧式の場合、暖房のラジエーターにはまだ温度調整つまみがついていません。つまみを設置することで暖房費を節約できます。（子どもたちは、測定した室温にもとづいて、どれくらいのエネルギーが今そこで消費されているかを予測し、温度調整つまみの設置にどれくらい費用がかかるかを暖房会社に尋ねています）。

■ごみを分別することでごみの料金を大幅に（たとえば半分近く）削減できます。ただ、まずはすべての教室用にごみ箱を調達する必要があります。

ここでは、完全な対策の一覧を作る必要はなく、いくつか効果的な例を集めます。節約が達成できれば、結果は数千ユーロに及ぶはずです。

こうして、環境保護に必要なお金を節約でまかなうにはどうすればよいかを質問しましょう。

省エネコントラクティング（契約）：このモデルでは投資が促進できます。環境保護へ投資し、それが省エネに寄与し、そこから投資したコストを回収できるとすれば、割に合うといえます（例：暖房器具全体を近代的な制御技術を持つものへ変える）。しかし、学校運営者にお金がなければ、そのような投資はしません。コントラクティングでは、この投資を個人の資本によってまかないます。出資者には決まった年数分、契約を結んだ金額が支払われます。その後、学校運営者は自分たちの財布でやりくりします。この実施例はたとえばシュトュットガルトやベルリンで見られます（「エネルギーパートナーシップ」）。

エネルギー代理店：戻ってきたお金を学校でやりくりする必要がある場合、学校のエネルギー代理店はとても役に立ちます。代理店はこのお金を管理し、お金が目的に見合ったかたちで使われるよう手配します。この代理店を独立した法人団体にできれば（社団法人、公益法人）は、契約パートナーにもなれるかもしれません。この例はフィルンハイムやベルリンにあります。

ワークシート「ネガワットは貯金箱」

自分たちのネガワットモデルについて徹底的に調べよう！　用意された本やインターネットを使おう。自分たちの学校で環境活動をする際に、それらのモデルにはどんな長所・短所があるか、それを活用してみたいかどうかを考えてみよう。自分たちの知識や評価をクラスのみんなの前で披露する準備をしよう。

フィフティ・フィフティなどの経済的インセンティブのしくみ：学校運営者と学校が、拘束力のある協定を結びます。その後は、学校が自分たちの努力によって節約した場合、学校運営者はエネルギーおよび水、ごみ料金の一定割合を学校に還元します。ハンブルクでは、学校は節減分の半分をもらいます（〝フィフティ・フィフティ〟というスローガンはここからきています）。このお金は自由に使ってよいものです。ハノーファーやロストックなど他の町では、自由に使えるお金の割合は少なく（例30パーセント）、残りは環境保護への投資に使途を限定して（例40パーセント）還元しています。どの場合でも、学校運営者はお金の一部を確保しています。このモデルにより学校は、節約してお金をやりくりするという非常にすばらしいインセンティブを得られます。それと同様に、このモデルの成果もとても高く、多くの学校が10 ～ 15パーセント（一部はもっと多く）のエネルギー料金を節約することができています。このモデルは特に省エネ型の行動を目的としており、学校運営者がそのために投資（例、新しい暖房機）して節減することは、学校としては好ましく思っていません。

予算編成：この組織的なモデルでは、学校はある決まった金額を自分たちの予算として受け取ります。学校は、そこから自分たちの責任で支払いを負担することができるし、しなければなりません。あることでお金を節約すれば、他のことにもっと使うことができます。経費の一部だけ（例、授業（教材）の経費）が予算化される場合もあります。エネルギー料金も予算化されれば、学校は省エネをするインセンティブが得られます。ここでは、もっと賢い行動に取り組むことにしようが、環境保護にお金を投資しようが、自由です。

調査（一日）：それでは、資源を節約するために経済的インセンティブを導入した組織的なモデルに集中して徹底的に取り組みます。文献やインターネットによって、さまざまな組織的なモデルについてできるだけ掘り下げた情報を集め、予想される質問に対して答えをあらかじめ考えておきます。その際、ワークシートに概略を書いたモデルに、それぞれ小グループで取り組んでもよいでしょう。

ディスカッションと評価（二時間）：調査が終わったらみんなを集め、各グループで調べたモデルのよい点・悪い点を発表します。ここでは〝位の高いアマチュア〟の作業手法を使用します。発表する生徒は、職員会議を相手取って、導入を許可してほしいモデルを発表します。他の生徒は職員会議のメンバーの役を演じて、紹介されたモデルについて批判的に（かつ客観的に）問い詰めます。次のような反論ができるかもしれません。

■学校運営者の予算は、費目によりきっちりと分けられています。たとえば、学校のエネルギーのための予算というものがあります。このお金はたとえば暖房機の改修など他の用途には使ってはいけないものです。

■このモデルには、学校や学校運営者側に管理費が必要で、そのためのコストがかかります。

■経済的インセンティブのしくみは不公平です。これまで何もしてこなかった人たちをほめるようなものです。なぜなら省エネの余地がまだたくさんあるからです。これでは、これまで頑張ってきて、もうあまり達成する余地のない人たちが頑張っていないみたいです。

■（公立）学校は法人団体ではなく、独立していない公共の下部組織です。そのため、学校運営者はコストの還元について学校と契約を結ぶことなどできません。

■校長先生に余計な負担がかかります。

■会計法によって、学校運営者には税金を節約してやりくりすることが義務づけられています。そのため学校運営者は学校に賞金を払ったりできないのです。

　このように、発表する生徒は、予想される反論と向き合い、論破の能力を鍛えることを強いられます。締めくくりとして、どのモデルが自分たちの学校に特にあっているのか、まだどんな問題が残っているかを、子どもたちと一緒に判断してください。

経験と成果：ワークシート（八五ページ）に概要を紹介したモデルはドイツの多くの自治体で実現し、大きな成果を得たモデルです。このモデルは、最終的には学校と学校運営者両者にとって割に合うものです。しかし、このようなモデルが新しく導入される場合には、いつも多くの留保や障害を乗り越えなければなりません。先に上げた抗議の例は考え出したものではなく、この状況を反映させたものです。

特別なヒント：こうしたモデルを実行に移すには、とてもたくさんの力と根気、巧妙な器用さ、第三者との協同の準備が必要です。そのため、実行に移す進め方は計画できず、この授業の枠を超えて、時間と労力のカテゴリーⅢに分類するべきかもしれません。もし選んだモデルを実行に移したい場合

（望むところですが）、他の組織的な枠組みを作る必要があります（例、自由選択式のエネルギーコースなど）。

参考文献と連絡先：

- ＤＶＤ『不都合な真実 スペシャル・コレクターズ・エディション』販売元：パラマウント ホーム エンタテインメント ジャパン
- 書籍『不都合な真実』アル・ゴア（著）、枝廣淳子（訳）ランダムハウス講談社

温室の中にいるとしたら……〜学校のためのCO_2収支バランス

ねらい：学校運営が環境にどのような影響を与えているのかを知る。環境保護におけるデータ処理について知る。

対象グループ：九、一〇年生

専門との関連：地理（大気、天気と気候、地下資源の発生・貯蔵・採掘、資源の使用のエコロジー的影響）

化学（炭素とその結びつき）

社会（エコノミーとエコロジーの緊張関係）

生物（炭素循環）

物理（エネルギーと環境）

技術（エネルギーと環境）

自然科学授業（エネルギーと環境）

準備と実施にかかる労力：I

所要時間：一〜二時間

前提と準備：

自分たちの学校のCO_2の結果を深く理解するには、電力と熱の消費量を考慮に入れなければなりません（温水を作る場合はどちらの項目にも含める必要があります）。前もってエネルギー供給者の領収書を、それもできれば過去数年分手配してください（事務員もしくは学校運営者）。また、自分たちの学校の生徒数および教職員数、校舎の使用面積を調べておいてください。

さらに、交通面で、日常の通学手段も含むことができればさらによいでしょう。そのためには自分でデータを作る必要がありますが、これは個別のプロジェクトにもなります（二六九ページ参照）。厳密に言えば、校舎の建設や、設備や消費財の生産や輸送でどれくらいの量のCO_2が発生するかも気にする必要があるのでしょうが、これは学識者ですら扱いにくい問題です。

生徒たちが比較のために他の学校のデータを入手したい場合は、インターネット接続できるコンピューターが必要です。

実施：

この授業時間では、既に習った人為的な温室効果についての知識に、実際的な具体的な見方を与えることができます。生徒たちがこのテーマを既に理解していることが前提です。

誰が気候を暖めているの？

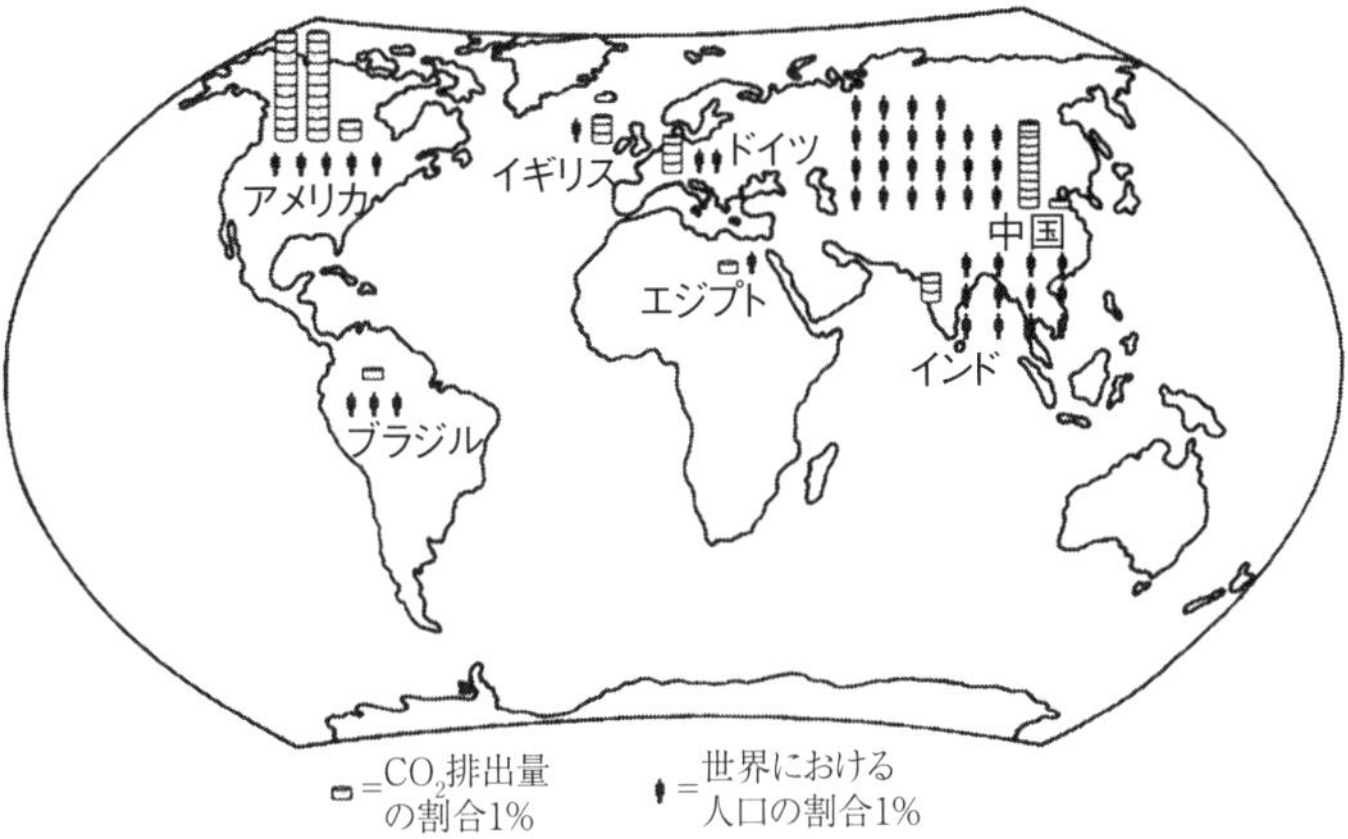

出典: World Resources Institute（1992年、1994年）

導入： 工業国の生み出している一人当たりのCO_2排出量は、発展途上国の何倍にもなります（上記図参照）。

そのため、公正な気候保全政策という意味で、特に工業国はCO_2（と他の温室効果ガス）の排出量を大幅に削減する必要があります。その際、大前提となるのが、自分たちのCO_2排出量を知っていること。そのために、この単元が役立ちます。

計算： 必要なデータを調べてしまえば、CO_2量を算出するのは本当に簡単です。子どもたちは、単純な掛け算と足し算をするだけです（ワークシート参照）。

評価： 調査結果は完全に数の報告で、あまり欲しい結果とは言えません。次に、なにかアイデアがあるか、これらの数がどう評価できるか、子どもたちに尋ねてください。

クラスでできるだけ活用できるよう、次に考えられる例を挙げておきます。

■消費エネルギーのうちのどの分野が自分たちの学校のCO_2排出の大きな部分を占めているかを、明らかにします。

■独自のデータを作り、これを他の学校と比較します。さらに、CO_2排出量を学校にいる人の数（生徒＋教員＋職員）や校舎の使用面積で割ります。他の説得力のあるデータは、使用面積一平方メートル当たりのエネルギー消費（電気と熱を別に）や、一人当たりの交通のエネルギー（交通手段によって別々に）です。

■過去数年分をさかのぼって自分たちの学校のCO_2排出量を計算します。時系列でグラフを作り、確認した動向の原因について議論してください（生徒数や学校の設備に変化はありましたか？　建築上に変化はありましたか？　省エネ対策は講じていましたか？）。また、電力や熱の消費も時系列でグラフ化し、分析します。この課題は、特にカリキュラムに組み込むのに適しています。そうすれば、新しく入ってくる世代が上級生の成果に助けを借りられるからです。

■大気中のCO_2濃度は、一九九五年時は三七九ｐｐｍＶ（割合にして〇・〇三七九パーセント。訳注：ｐｐｍＶは容積比一〇〇万分の一の意味）でした。これは、工業化が始まる前の一七五〇年と比べて三五パーセントも高い数値です（ドイツ連邦環境庁、二〇〇七年）。大気中のCO_2濃度はここのところ年間約一・九ｐｐｍＶ（割合にして〇・〇〇〇一九パーセント）上昇しています。こ

ワークシート：CO_2量

消費分野	消費	係数	CO_2排出量
電気	kW時	600gCO_2／kW時	= gCO_2
ガス	kW時	200gCO_2／kW時	= gCO_2
石油	kW時	260gCO_2／kW時	= gCO_2
石炭	kW時	330gCO_2／kW時	= gCO_2
褐炭	kW時	400gCO_2／kW時	= gCO_2
遠隔暖房	kW時	260gCO_2／kW時	= gCO_2
交通			= gCO_2
車	km（1人当たりの乗車距離）	200gCO_2／km	= gCO_2
バス／電車	km（1人当たりの乗車距離）	60gCO_2／km	= gCO_2
バイク	km（1人当たりの乗車距離）	100gCO_2／km	= gCO_2
年間の合計			= gCO_2
			= tCO_2

ある学校のCO_2排出量（ノイス＝ヴァインガルト通り職業学校）

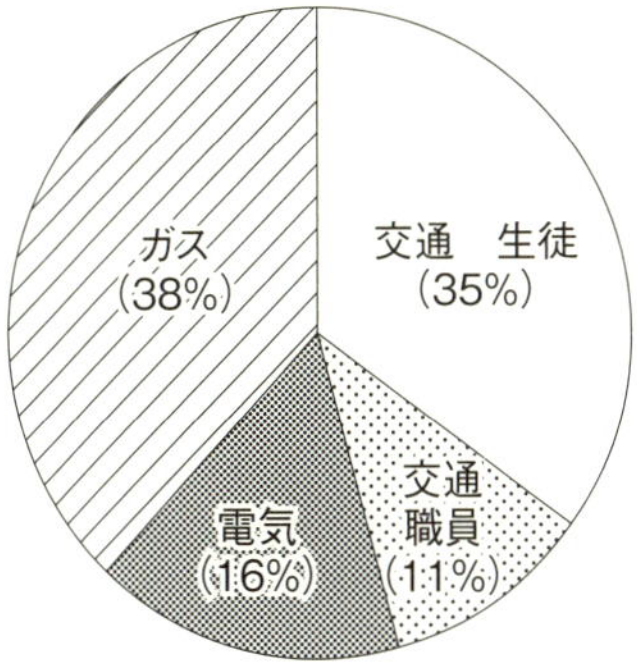

れは約〇・〇〇三七g／㎥の上昇に相当します。自分たちの学校が排出したCO_2の量に対して、どれくらいの量の空気があればこの上昇分のCO_2濃度になるかを計算します。締めくくりに、この空気の量を具体的に表すようにします（例、サッカー場何個分、自分の町何個分など）。この結果はその学校個別の温室効果を表すことになります。

■学校から排出される二酸化炭素をふたたび吸収するためには、どれくらいの広さの森が必要かを予測します。その際、一ヘクタールの森が年間一〇トンのCO_2を固定すると仮定できます。

■ドイツ連邦環境庁（二〇〇五年）は、ドイツのCO_2排出量を二〇二〇年までに一九九〇年比で四〇パーセント削減することが、不可欠であり、且つ可能だとしています（それによれば、二〇八〇年までにあらゆる温室効果ガスが一九九〇年比で八〇パーセント減ることになります）。自分たちの学校がこの目標を達成できるよう、生徒たちでビジョンと対策を作ってみます。その際、エネルギーの賢い利用や省エネ以外に、投資（例、学校の断熱）や新しい技術（例、電力供給を太陽光発電へ変更）など、様々な主体レベルでの変化を考えてみます。

結論：子どもたちと一緒に、どうやって自分たちの学校のCO_2排出量の削減が始められるかアイディアを出してみましょう。

経験と成果：ノイス＝ヴァインガルト職業高等学校の生徒が、彼らの学校のCO_2収支バランスを作成しました。

ノイス＝ヴァインガルト職業高等学校では、一人当たり（生徒、教員、職員）のCO_2排出量を、一九九八年には七八七・四キログラムだったのを。二〇〇四年には五三五・五キログラムにまで減らすことができました。

特別なヒント：時系列にしたがって独自のデータで作業したい場合、測定値と計算結果はそれぞれの条件下でかなり違ってくるということを、必ず考慮にいれてください。そのために、自分の作業方法をはっきりと示し、続く年もすべての段階を正確に維持してください。入手したエネルギーの計算がどの建物（の部分）にあたるのかに注意してください。照明もなく暖房もない地下室を学校の使用領域に数えないように気をつけてください。

他の学校のデータと比べる場合、次の原則にも注意してください。計算方法とすべての点で条件が一致する場合にだけ、このデータは本当に数量的に比較できるものとなります。

ワークシートにあげた換算の数値（CO_2排出係数）にもこの原則が当てはまることに気をつけてください。これらの数値では、さまざまな条件が想定できます（例、交通の場合、乗り物の種類、速度、燃料消費、人数）。このことから、他の点で簡単に換算数値の違いが見つかるとしたら、間違いにぶつかったのではなく、いろいろな想定にぶつかったということです。

学習内容を深めるために、CO_2排出や人為的な温室効果についてさらに情報を集めたり、個人的なCO_2排出のデータで検討するのもよいでしょう。

その際、子どもたちと一緒にCO_2排出量の削減についてディスカッションをするだけに留まらなければ、この授業の意味が本当に発揮されることになります。たくさんの有効なアイディアからひとつふたつ現実的なものを選んでこれを実行してください。

エネルギーは太陽からの贈り物～ソーラークッカーの作り方

ねらい：簡単な道具で太陽エネルギーの魅力的な使用法を知る。チームで共同して問題を解決し、様々な解決法を比べ評価する。
対象グループ：九、一〇年生
専門との関連：物理（太陽定数（訳注：地球の大気表面で、単位面積に単位時間あたり垂直に入射する太陽のエネルギー量）、選択テーマ：エネルギーと環境、幾何光学、熱学）
地理（地球の太陽放射ゾーン、地球と大陸での人間の生活）
職業技術（太陽熱収集器の使用）
天文学（太陽の構造、太陽のエネルギー放射）
前述の科目を結ぶ授業部分―太陽、生命の起源（メクレンブルク＝フォアポメルン州文化省、一九九八年）
準備と実施にかかる労力：Ⅱ
所要時間：五～六時間。場合によっては一日がかりのプロジェクトでも。

前提と準備：

とてもシンプルなソーラークッカーなら、じょうぶな厚紙で作れます（廃品回収の段ボール箱、十分な量を用意してください）。さらに、アルミホイル、厚手の透明なビニールシート、黒の塗料、はさみ、カッター、ペンチ、接着剤か接着テープ、強い針金か細い金属の棒、場合によっては細いひもを用意します。中古品を上手に選べば、一クラスに一〇～二〇ユーロ以上かかることはないでしょう。子どもたちに材料を持ってこさせてもよいでしょう。

やや難しいものとしては、構造の原理に合わせて、断熱材（発泡スチロール、くしゃくしゃにした紙、古い布）、骨組みとなる素材（木か金属）、作業に必要な道具（例、のこぎり、金づち、釘）が必要となります。こうした材料にはお金をかけずに準備できるものもありますので、ソーラークッカーひとつに全部で二〇～三〇ユーロ以上を見積もる必要はありません。しかし「本物の」ガラスや木で作りたい場合は、明らかに費用がかさみます。

試すのに鍋（容量一～二リットル、なるべく色が暗いもの、蓋付き）と温度計が必要です。

クラスのみんなで、一日でシンプルなソーラークッカーをいくつかデザインし、作り、試すことができます。子どもたちのためにあらかじめ材料を用意しておくことが前提です。

この授業は当然夏に行うべきです。

実施：

導入（一時間）：ドイツでは、年間一平方メートルあたり平均して約一〇〇〇キロワット時の太陽エネルギーを受けています。緯度の近い日本も同じような状況でしょう。これは石油一〇〇リットルが燃焼する場合のエネルギーに相当します。この計り知れない豊かな宝は、石油価格高騰の今、特に活用するのに値します。化石燃料が徐々に欠乏するようになっている今日、市場競争力のある実用化できる太陽光技術を発展させる必要があります。

どの程度の内容をこの導入部で組み入れるべきかは、そのクラスがどれくらい既にエネルギー・大気・気候のテーマに取り組んだかによります。たとえば次のようなことができます。

・エネルギーの取り扱いと気候変動との関係や、再生可能エネルギーの可能性についてなど、刺激となるような話を聞かせる。

・自分たちの学校が、エネルギー料金にするといくら分の太陽光を年間受けているのかを算出する（学校敷地内の緑地面積（㎡）×一〇〇ℓ／㎡×石油価格）。ただし、実際に使用できる太陽エネルギーはもっと少なくなります。現在一般的な太陽光発電装置は、照射したエネルギーの約一五パーセントしか電力に転換できず、太陽熱温水器では約半分が使用できる熱エネルギーになっているからです（これらの実効値は大まかな値であり、技術的な改善が近年期待されています）。

場合によっては、ノーベル平和賞を受賞したアル・ゴア氏の映画『不都合な真実』も、導入として向いているかもしれません。そこでは気候変動という課題が強烈に描かれており、教員のあなたが気候保全とソーラーエネルギーの橋渡しをする必要があります。

さて、ここでは生徒たちは、ソーラーエネルギーの簡単でわかりやすい活用例としてソーラークッカーを知ります。

二種類のソーラークッカーつまり集光型と熱箱型の基本的な構造原理をクラスのみんなに説明して準備してください。その際、次に挙げた構造的な問題や課題を取り上げてください。素材や工具の紹介をして、プロジェクトの一日の進行をクラスで相談してください。

次に、クラスを四、五人のグループに好きなように分けます。

設計（一時間）：グループでは、どのタイプのソーラークッカーを作りたいか、そこにある素材でどうやって模型を作れるかを相談します。設計図を紹介して、必要に応じて助けてあげてください。

組み立て（二時間）：進め方を飲み込んだら、生徒たちは必要な素材をもらって組み立てはじめま

ソーラークッカーの構造原理

1　集光型

基本形：放物線状

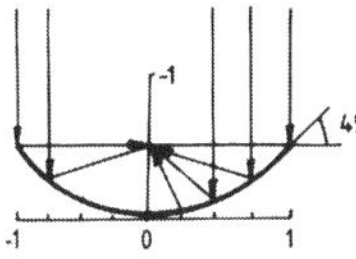

例 $y=\frac{1}{2}x^2$

パラボラ型ボウル
（ソーラークッカー）

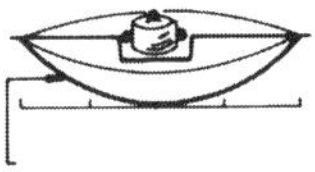

パラボラ型溝
（瞬間湯沸かし器）

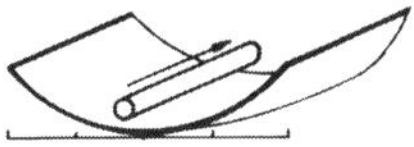

2　熱箱型

最も簡単な造り

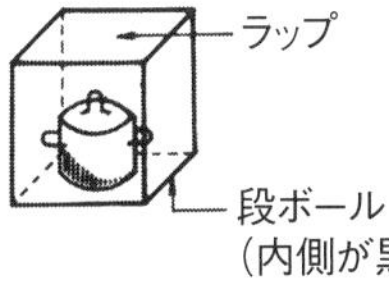

改良型

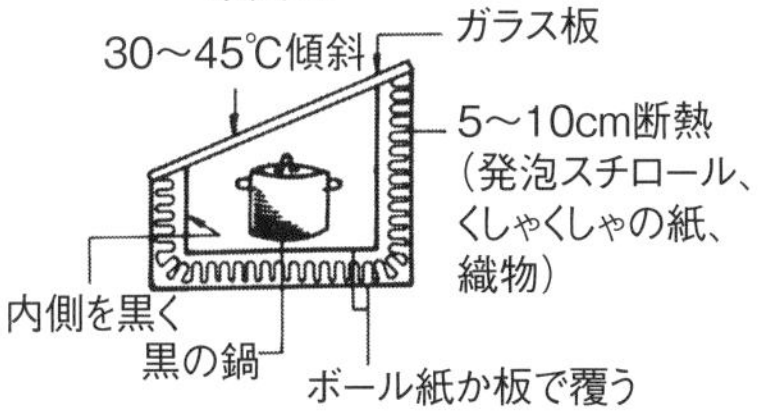

す。

熱箱型は実に簡単に作ることができます。ここではダンボール箱の基本的な形をそのまま活用できます。そのため、ソーラークッカーを改善したり、熱の喪失を防ぐために例えば段ボール箱を断熱したり、折りたためる蓋をつけたりすることをぜひ生徒たちに勧めてください。

集光型に必要なパラボラ型のボウルは作るのが大変です。生徒たちに数学の基本公式を説明するか、型紙を作って与えてください。たとえば、関数の放物線Y=1⊘2×X2（-1<X<+1）などが適当です（上の図参照）。たくさんの弓形から成る放物線ができます。これはたとえば、交差するように並べた二枚のパラボラ型の型紙を使って作ることが

できます。反射器が大きければ大きいほど、ソーラークッカーはよく機能します。しかし、直径が大きいとそれだけ機械的な耐久性も必要となります。さらに、鍋がしっかりと焦点に固定され、それでいて鏡が太陽の方向に合うように、つまり動くようにする必要があります。それには、丈夫な枠（例、大きなダンボール箱）を作り、この枠の中に軸を固定し、鍋と、動くように取り付けた鏡を置くとうまくいきます（九九ページの写真参照）。

これらの課題すべてを、設計段階で徹底的に考えておく必要があります。

テスト（一時間）：すべてのソーラークッカーに水を入れた鍋を置き、暖めます。五分おきに水の温度を測り、計測値を記録します。

コンテスト形式でテストをしてもよいでしょう。どのソーラークッカーが一リットルの水を一時間以内で最も温められるでしょうか？　どのソーラークッカーだったらお湯が沸騰するまで温められるでしょうか？　コンテストを公平に行うためには、どの鍋にも同じ量の水を入れ、同時にテストする必要があります。

学校開放でテストを実施する場合は、ソーラーエネルギーの魅力についても少し広めることができるかもしれません。

評価（一～二時間）：まずは、作ったモデルに限定して評価します。そして、ソーラーエネルギーの活用について話を広げます。次の質問について話し合ってみましょう。

■計測値をグラフにします。温度の変化はどう解釈できますか？　このことから、実際の使用ではどのような結論が導き出せますか？
■それぞれのソーラークッカーはどのように違いますか？　特にエネルギー獲得率の高いソーラークッカーはどんなところが特別なのでしょうか？　また、このソーラークッカーをさらに効率的にするにはどうしたらよいでしょうか？
■作ったモデルは中央ヨーロッパで幅広く活用するのに向いていますか？　どうしてそう思うのですか？　どうしてそうではないと思いますか？　どこで、またはどういった条件下で、このソーラークッカーが有意義に活用できるでしょうか？
■どんな機能原理や構造原理が、ドイツ各地のあちこちの屋根の上で温水を作っている太陽熱収集装置の基礎を成していますか？　ソーラークッカーを作る際に得られた経験のうち、どんなものが太陽熱装置を作る際にも活用できるでしょうか？
■発電用の太陽熱装置はどこで動いていますか？　また、どう機能していますか？　（パラボラ型ボウルのほかに、パラボラ型の溝の場合も同じです。一〇一ページ参照）

最後の二つの質問は、この後、物理や技術の授業で深めるのにも適しています。

経験と成果：簡単に作れるソーラークッカーでも、測定できるほどの熱の獲得が実現できます。二〇

○度以上でクッキーが焼けるようなソーラーオーブンを作った人もいます。

特別なヒント：※約一メートルを超える直径の反射器では注意が必要です。そうしたソーラークッカーをうまく設計して作ると、太陽の光を非常に強く集めます。無防備に反射器を覗くと、目を傷める恐れがあります。そのため、うまく指示できる人間だけが、サングラスをかけてソーラークッカーの脇に立って作業する必要があります。

もっと時間が自由になれば（プロジェクト週間やクラブ活動）、構造のアイディアに沿った素材を子どもたちで選んで、評価で出てきた問題をきちんと深く理解して作業できるような上級のモデルを作ってもよいでしょう。

参考文献と連絡先：

導入には次のような素材が適しています。

・グリーンピース　ソーラージェネレーション

http://www.greenpeace.or.jp/campaign/climate/sgy/blog

ソーラージェネレーション（SG）は地球温暖化の防止、自然エネルギーの促進活動を行うために、二〇〇四年にドイツで生まれた。環境保護団体グリーンピースの国際的な若者ボランティアグループです。現在、世界十カ国以上で活動を展開しています。四名の若者が中心となって、地球温暖化防止のための活動を日本でもしています。

・DVD『不都合な真実 スペシャル・コレクターズ・エディション』販売元：パラマウント ホーム エンタテインメント ジャパン

・書籍『不都合な真実』アル・ゴア（著）、枝廣淳子（訳）ランダムハウス講談社

ソーラーソーセージ〜おひさまご飯

ねらい：魅力的な代替エネルギー源としてのソーラーエネルギーを知り、直接的な活用を肌で感じる。世界の様々な地域での将来性のあるエネルギー供給について考える。

対象グループ：九、一〇年生

専門との関連：物理（太陽定数、選択テーマ：エネルギーと環境、幾何光学、熱学）
地理（地球の太陽放射ゾーン、地球と大陸での人間の生活）
職業技術（太陽熱収集器の使用）
生物（再生原料）
科目共通の授業部分—太陽、生命の起源（メクレンブルク＝フォアポメルン州文化省、一九九八年）

準備と実施にかかる労力：Ⅱ

所要時間　：三〜四時間

前提と準備：

「ソーラークッカーの作り方」（九七ページ）の単元を、このソーラーソーセージアクションで補足することができます。ドイツ人の多くが好む代表的な食べ物であるソーセージは、調理もとても簡単で、〝ソーラー料理〟に向いています。また、クッカー作りの単元などで測定値や算出値を出してみるよりも、実際にソーラークッカーで軽食を作ってみるほうが太陽光の力は目に見えやすいものです。もちろん、他のものを調理してもよいでしょう。ソーラーソーセージの用意には、ソーラークッカーと十分な大きさの鍋が必要です。ソーラークッカーは自分で作るか（実際にテストしてみて一番いいと実証されたものを使います）、環境団体から借ります。さらに、ソーセージ、パン、マスタードやケチャップ、テーブルクロスをかけたテーブル、鍋つかみ、お皿とソーセージ用の調理器具を用意します。

このアクションは夏らしいいい天気のいい日にしか行えません。

参加する生徒たちと教員はソーラークッカーの使い方の手ほどきを受けます。集光型を使う場合、目を傷める恐れがあるので直接反射板を見ないように注意します。サングラスをかけることで防げます。

実施

この単元をソーラークッカー作りの延長で行うのであれば、ここで改めて導入に時間を割く必要はありません。クッカー作りはせずにソーラーソーセージの単元だけを行う場合は、クッカー作りの単元で説明した導入を行うとよいでしょう。

次に、ソーラークッカーとテーブルの用意をします。太陽は、大体一〇時頃から、水を必要な八〇～一〇〇度まで温めるのに十分なエネルギーを運んでくれます。この間、再生可能エネルギーに取り組むとよいでしょう。ワークシートには実際のヒントとなるものがいくつかあり、問題をいくつかのグループに分けることができます。この間、ソーラークッカーから目を離さないでください。

お湯が沸いたら、ソーセージをゆでることができます。料理の準備の際にはもちろん衛生面に気をつけてください。ソーセージはパンにはさむか陶器のお皿にのせて給仕します。紙皿の使用は避けてください。みんな一緒の食事がこのアクションのクライマックスです。

この授業は、各自の簡単なコメントで締めくくります。円になって座ります。参加者はそれぞれ順々に、このアクションが気に入ったか、特に何が印象に残っているか、自分自身はどんな役割をしたかなど、意見を述べます。ここで述べられた意見については議論はしません。

最後に、整列して終えます。

経験と成果：一〇一ページのようなソーラークッカーで、日差しの強い日には何百本ものソーセージがゆでられます。私はこれまで公共の場でソーラークッカーを使って、一般の人から現在のドイツの首相であるアンゲラ・メルケルさんまで、あらゆる人を対象に何百回もソーラーソーセージを用意してきました。このアクションは簡単で、かつわかりやすく、ソーラーエネルギーに魅了されない人は

ワークシート：太陽のエネルギー

■私たちのソーラークッカーはドイツや日本などの先進国の各地で幅広く使用するのに向いているでしょうか?　どこで、またどのような条件下で使用するのが有効でしょうか?

■世界の貧しい国の人々は何によって料理をしているのでしょうか？

■自分の家では料理に何のエネルギーを使っていますか？　100年前にはどうやって料理していたか想像できますか？　100年後にはどうやって料理しているか想像できますか？

■ソーラークッカーや、電気や温水を作る太陽熱収集装置では、ソーラーエネルギーを必要な使用できるエネルギーに直接変換します。しかし、太陽エネルギーを、使う方法は他にもいろいろあります。他にどのようなエネルギー源を知っていますか？　また、それは太陽エネルギーとどのような関係がありますか？

■「化石燃料エネルギー」とはなんでしょう?　また、「再生可能エネルギー」とはなんですか？　500年後に生きる人間にもエネルギーが必要だということを想像してみてください。化石燃料エネルギーと再生可能エネルギーには根本的にどのような違いがあるのでしょうか？

■自分の住む町には再生可能エネルギーを活用するための装置がありますか？　それはどのような装置ですか？　具体的にどこにありますか？　その装置は誰のものですか？　それについてもっと知っていることはありますか？

■「太陽光発電」や「太陽熱」が何を意味しているか知っていますか？

■ほかにはどんな料理がソーラークッカーに向いていますか？　どんなものは向いていないでしょうか？

■ソーラークッカーを使うとき、鍋は熱くなるのに、反射板が冷たいままなのはなぜでしょう？

■自分の国の総エネルギー消費における再生可能エネルギーの割合はどれくらいでしょう?　他の国（例：ドイツ、アメリカ、中国、インド）ではどうでしょう？

いないほどです。

特別なヒント：ソーラークッカーの性能とお湯を沸かすのに必要な時間は、設置方法によります。集光型のパラボラ反射鏡は、なるべく一メートルかそれ以上にしたほうがよく、それより小さい場合は時間がかかります。また、日差しをしっかり受けられるよう位置に注意してください。

ソーラーソーセージアクションは、例えば「エネルギーで助けよう」というキャッチフレーズのもと、「二つの世界（訳注：「第三世界」に対して生まれた、世界はひとつという概念）」でエネルギー使用について深く掘り下げて取り組むための出発点ともなります。図解したソーラークッカー（一〇一ページ参照）は開発援助のプロジェクトのために作られたものです。これは、燃料の乏しいもしくは燃料コストの高い開発途上国で使用されます。子どもたちは、それらの国々の人々がどう生活しているのか、ソーラークッカーでどんな体験がなされているのか、開発援助団体で情報を得ることもできます。このソーラークッカーがどのようなチャンスを生み出しているのか、どんな問題が普及の妨げとなっているのか？　開発途上国の人々が必要なエネルギーを得られるように、これらの団体はどのような手助けをしているのか？　このアクションを皮切りに、子どもたちと一緒にプロジェクトを作り、皆を巻き込んでください。

第２章
ごみ、原料、物質の流れ

ごみはどこへ？　これはドイツの環境政策の中心となる問題です。事実、年々増加し続けるごみの量や不適切な廃棄物処理の結果が、問題を後押ししてきました。このために見出された解決戦略は、歴史上、いくつもの段階に分けられます。

■狩りや採集をしていた原始社会においては、人間は自然界の物質循環の流れの一部でした。彼らは自分たちが栄養を採り身にまとうのに必要なものを自然から採取し、再資源化できる物質を再び環境へ返していました。そのため、自然界に与える影響も他の動物に比べて大して大きなものではありませんでした。

■産業革命前の、自給自足型経済の影響を受けた社会では、人間は自然の物質循環を意識して物質を活用し、循環をコントロールすることを知っていました。人間は耕作を考え出したことにより、例えば人工的な生産性の高い生態系を作り、そこで作物や他の目的のためにバイオマスを作ることに成功しました。人類史上の同時期にはまた、環境が再び受け入れ、消化できるような素材や物質が次から次へと作られました。ただ、糞尿や動物の死骸、そして（「ごみ」という概念で扱うのはありえないことですが）人間の遺体の処理だけでも、衛生上の問題として今日の廃棄物問題の前兆として考えることができます。

■産業社会になって初めて、人間はそれまで想像もつかなかった量の多様な物質を新たに作るようになりました。このことで得られたのは豊かさと消費の幅だけでなく、今日の環境問題であるごみが生まれたのです。特に二〇世紀の前半には、穴を見つけてはごみを捨ててきました。人間の住宅地付近の砂利や粘土の採取場、土手、ケトル（氷河期の後退で生じた窪地）、そして第二次大戦時に爆弾でできた大穴までもが、ごみ捨て場として使われました。

■廃棄物処分の段階では、ごみを集め、それを限られた残された場所に運び、そのことでうわべ上「整然と」片付けることをまずは重視していました。そのために、ドイツでは一九七二年廃棄物処分法によって、全国的に拘束力のある規則ができました。環境教育はこの段階の考え方を受け入れ、その考え方は今日もなお受け継がれています。つまり、ごみは汚れや汚物を意味し、人々の義務感・倫理に訴えることがごみを「きちんと」捨てるのに役立つというものです。

■廃棄物処理の段階では、二つの事実が一般市民の意識に強く上ってきました。まず、今日なお残っているごみ捨て場は、環境問題、たとえば有害物質が私たちの重要な飲料水の源である地下水に到達したら――という問題をもたらすということです。新しい安全なごみ集積場や、ごみ焼却などのほかのごみ処理方法を見つけなければなりませんでした。それに加えて、ごみの量をこれ以上増加させ続けてはならないということが明らかになりました。そのため、ごみの削減と再資源化に特化した対策が提唱されました。この段階の画期的な出来事のひとつが、一九八六年の連邦廃棄物法（訳注：ごみの回避やリサイクルを処分に優先させ、発生を抑制するとした点が大きな特徴）です。また、この当時の考え方は環境教育の中に取り入れられ、「ごみの洪水」のような概念や、ごみ集積場によって環境が脅かされるといった批判的な見方、環境にやさしいオルタナティブとしてのリサイクルの普及などに反映されています。

■九〇年代に始まった循環経済の段階でも、ごみの概念がまだ中心的な意味を持っていました。とはいえ、効率的な素材をもっと循環するようにし、ごみを再度生産プロセスに運び込むようにしています。この段階の環境政策からの新たなアプローチは、細かく指示する代わりに、当事者（特に産業界）の自己責任を増やし、組織における対策を強化することを目指すものです。ひとつの例として、環境監査（三二二ページ参照）があります。

しかし、そもそもどうしてこのような騒ぎになったのでしょうか？

■私たちは、環境に様々な負荷を与える物質を、ごみと一緒に、日常の経済・消費生活から運び出しています。これらの多くが有害であったり、水や空気を汚染したり、温室効果を高めるものです。近年ドイツで法で定められたように、たとえごみを焼却や他の方法で化学反応を起こさない物質に変換しようとも、どうしても温室効果ガスであるCO_2は発生します。

■小さなごみひとつひとつに、この地球の財産が含まれています。その財産を平気で無駄にすることなどできません。私たちが今日使用している原料は、近い将来に尽きてしまうのです。持続的で将来性のある経済を構築するつもりならば、私たち先進国での地下資源の消費を、非常に急速に、劇的に減らさなければなりません。既に一九九七年の時点で、再生可能でない原料の消費をドイツは二〇五〇年までに八〇〜九〇パーセント減らすべきであると、『地球が生き残るための条件』は要求しています。この地下資源は再生可能原料に置き換え、高い素材生産性を通じて達成し、消費を慎むことで節約されなければなりません。ドイツ政府は、二〇〇二年の持続可能性国家戦略のなかで、ドイツにおける資源生産性つまり対ＧＤＰ（国内総生産）における非生物原料の消費量の比率を二〇二〇年までに一九九四年比で倍にするという目標をたてました。

環境問題としてのごみ

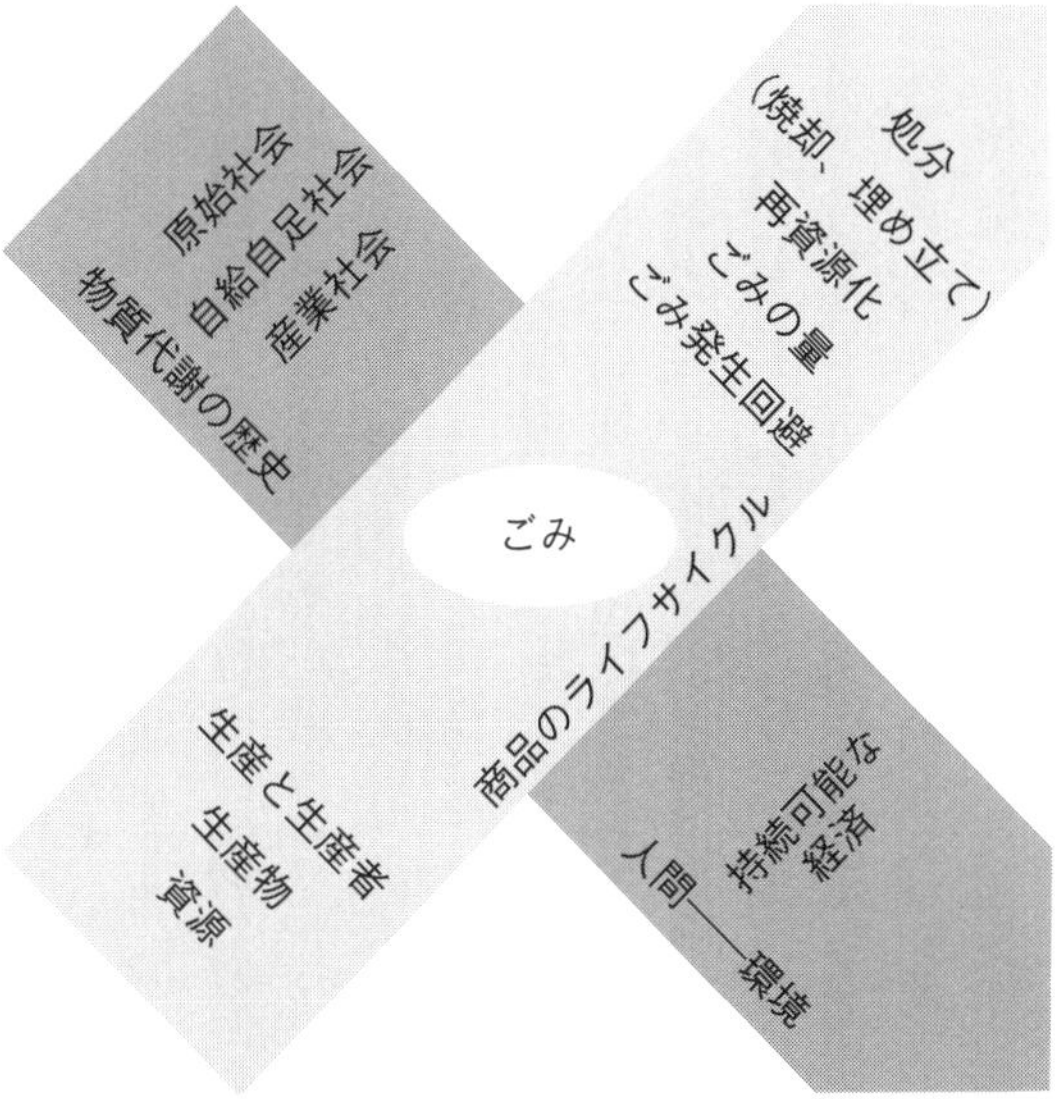

このように、ごみ問題は〝正しい〟捨て方を呼びかけるようなものだけでなく、非常に多様な要素からなる問題なのです。この本では、次のふたつの方法でごみの問題にアプローチすることをお勧めします。

・ある商品のライフサイクル―原料から様々な過程を経てごみ集積所にたどり着くまでが、中心となるひとつのアプローチです。

・二つ目のアプローチは、人間が欲求を満たすために環境とともに行ってきた物質代謝の歴史の流れに沿います。ただし、このような考察の仕方は、これまで環境教育ではほとんど開発されてきませんでした。

その際、技術的な課題だけでなく文化的

な課題も乗り越える必要があります。適量を見定め、価値観を見直し、「さらにもっと」ではなく別の人生の目的を見つける。「もの持ちであるよりもよい生き方を選ぶ」というのが、ヴッパータール気候・環境・エネルギー研究所が彼らの研究『地球が生き残るための条件』において描いたひとつの理想像です。

これらの情報は、次のことに取り組む際に参考になるでしょう。

■自分たちの学校の素材の調達やごみの処理を分析し、それぞれの分野の情報をまとめ、評価する。

■自分たちの学校ができるだけ賢く素材を調達し、出すごみの量をなるべく少なくするように効果的に取り組む。

■ごみ処理の発展の現状を知り、その知識を日頃の活動に生かす。

“緑の”通学カバン〜学生用品のエコロジーテスト

ねらい　　　：自分たちの態度を省みる。環境にやさしい製品を知る。識別に役立つエコマーク「ブルー・エンジェル」を知る。
対象グループ：五、六年生
専門との関連：哲学（社会的責任分野としての自然との関係）
国語（表現、専門的な文章の読解、特定のテーマについての文献の収集）
準備と実施にかかる労力：I
所要時間　　：三〜四時間

前提と準備：

この授業プランの実施にあたり必要なのは、環境にやさしい学校・事務用品についての情報です。ここに挙げる情報のパンフレットを十分な数用意してください。

とても役立つのはエコマーク「ブルー・エンジェル」（訳注：世界で初めて導入されたエコラベル制度。

ドイツ連邦環境省などが管理）です。インターネット上に情報がありますので、インターネット接続のできるコンピューターが必要です。しかし、該当するウェブページを印刷してもかまいません。

実施：

雰囲気作り（授業一コマの半分）：雰囲気作りとしてネリーとプラクイムシのお話を朗読しましょう。

もし本当にプラクイムシがいたら……、というお話です。通学かばんにいるそんな生き物には何をえさとして与えたらよいでしょうか？　生徒たちに自分たちの通学かばんの中をチェックさせてみてください。その際生徒たちは、どんな製品が通学かばんの中にあるか、その製品はどんなグループに分けられるかを考えます。この作業はひとりでできますが、このために小グループに分けてもよいでしょう。

どの製品のグループが問題になるかは、一二一ページの表を参照してください。

環境基準（一時間半）：では、「環境にやさしい製品」とはどんなものかを生徒たちに紹介してください。評価するための様々な基準がありますが、これは簡単です。以下の条件を満たす製品は、環境にやさしいといえます。

ネリーとプラクイムシ

とっても素敵な夏も終わりに近づいてきました。ネリーは一日中友だちと遊びまわり、街に住むおばあちゃんのところに何度か遊びに行って甘え、お父さんお母さんと海に泳ぎに行きました。あとは一週間ほど馬乗りに行って、ネリーにとってこの夏休み最大のイベントが実現するだけ。そうして夏休みが過ぎてゆきました。

もちろん、休みの間ネリーは一秒も学校のことを考えず、時間を無駄になんかしませんでした。ただ、冬休みの後に転校してきた面白いクラスメイトのマイクのことだけは、たまに考えてしまいました。ともかく、ネリーの通学かばんは開けられることなくベットの下に放ったらかしのままでした。

ちょっと、待って！　ネリーがもし今自分の部屋にいたとしたら、かすかにカリカリ、カリカリとかじるような音が聞こえたことでしょう。いつものように弟と騒々しくケンカをしていなければの話ですが。そのカリカリという音は明らかにベットの近くで聞こえます。通学かばんから来るのは疑いようもありません。

小さなカラフルに光る虫がそこに居座っています。マッチ棒ほど大きくありませんが、もちろんもっと活動的。まぁ、ありふれたプラクイムシといったところ。なんですって⁉　プラクイムシがなんだか知らない？　キクイムシは木を食べ、プラクイムシはプラスチックを食べます。ヨーグルトカップ、レジ袋、ブックカバーなどなど、そんなもの。色がカラフルであればあるほどいい。食べるものが違うとはいえ、キクイムシとプラクイムシはたいして違いません。とりわけ似てるのは、両方とも食事の後にはそこに何か残していくということ。つまり穴です。

ネリーは乗馬から戻って通学かばんを手にとって、目を丸くしました。通学かばんの脇に小さな穴は見つからないでしょう。でも、彼女のきれいな色をしたブックカバーはざるのようです。ネリーのフェルトペンからは削りカスがちょっと残ってるだけです。消しゴムは小さなスイスチーズのように、とにかく緑っぽくなっています。ネリーは目を丸くしました……。

■長持ちし、修理できるか補充できるもの
■リサイクル素材でできたもの
■使用後に再資源化できるもの（しかし、たとえば紙はすべて再資源化できると言えるので、リサイクル商品よりもかなり基準は低くなります）
■健康や環境を害する物質が入っていないもの（実際には見つけるのは困難です）
■環境に負荷を与えることなく作られたもの（これにも生徒たちはほとんど気づきません）

これらの情報をもとに、生徒たちは自分たちが使用している製品を評価するようにします。生徒たちの作業を助けることができるように、次ページの表に手がかりがあります。

特に役に立つのがエコマーク「ブルー・エンジェル」です。この情報はインターネット上で見つけることもできます。事務用品、ダンボール製品、紙、様々なリサイクル素材、再使用飲料容器、電卓、マーカーなどの情報が得られます。ここにある基準のすべてが生徒たちにわかりやすいものだというわけではありません。いくつか大きなポイントに集中するようにしてあげてください。しかし、学校用品で一番重要なのは依然として紙です。生徒はノートに書き、教員も子どもたちに配布するコピーなどに大量の紙を使用します。紙の使用のどの点で環境に配慮するかはとても簡単です。

・紙を節約して使用する
・可能なかぎりリサイクル用紙を使う
・状態のよい古紙はリサイクルするために集める

従来の学校用品と環境にやさしい学校用品

学校用品	従来のもの	環境にやさしいもの	理由／環境への利点		
			ごみの削減	リサイクル素材	有害物質が少ない
のり	溶剤でできている（匂う）	水がベースになっている、液状のり			○
セロテープ	ポリ塩化ビニル（PVC）	ポリエチレン（PE）、ポリプロピレン（PP）、アセチルセルロース			○
ガムテープ	様々なプラスチック（上記参照）	リサイクル用紙		○	○
フェルトペン	溶剤でできている（匂う）	詰め替えインクがある、水がベースになっている、色鉛筆	○		
蛍光ペン					○
マジック					○
ボールペン	使い捨て	繰り返し使える、替え芯	○		
修正液	溶剤でできている（匂う）	水がベースになっている、液状のり、修正テープ			○
消しゴム	ポリ塩化ビニル（PVC）	天然ゴム			○
本	様々なプラスチック	リサイクルボール紙、リサイクルプラスチック		○	
ノート				○	
バインダー、筆箱	プラスチック、布	革（長持ちする）	○		

結論として、すべての製品グループについて、実際どの製品が比較的環境にやさしいと位置づけられるか、どの製品は要検討かを発表します。それぞれのグループが知識を交換できるようにしてください。

結果の定着（一〜二時間）：得られた知識を生産的に実行に移すために、環境にやさしい通学かばんの内容を考えて、校内で発表してもよいでしょう。

経験と成果：経験によれば、通学かばんは生徒たちにとっては環境とは無関係のものです。そのため、行動を変える必要性も大きいのです。ただし、ただのアピールだけでは不十分です。学校で環境にやさしい用品を販売することを企画して実行できれば、もっと効果的でしょう。

特別なヒント：同じねらいで、学校の事務分野も観察できます。ここでさらに登場するのは、コピー機やパソコン、プリンター、そしてそのための消耗品などの事務用品です。

いつ、ごみに埋もれちゃう？　～学校のごみの量

ねらい　：学校のごみの量を明確にする。環境保護におけるデータの処理を知る。個人の行動を省みる。
対象グループ：七、八年生
専門との関連：技術（住まいと暮らし―家庭のエネルギー供給とごみ処理）
数学（数と単位の処理、量、電卓を使った計算、グラフ）
準備と実施にかかる労力：I
所要時間　：一時間

前提と準備：

この授業には、ごみの量についての情報とものさしが必要です。

実施：

まず始めに、生徒たちと一緒に自分たちの学校のごみの量を推測してみます。そのためにワークシート「ごみの量」を使用してください。自分たちの学校ではごみを種類別に把握し、運び出していますか？　例、分別されない残りのごみ（グレーのバケツ）、容器包装（黄色のバケツ）、場合によってはグラス、紙、生ごみなど。次に、それぞれ別々にワークシートに記入してください。

見積もり量の計算は、実に多岐にわたります。しかし、単純にバケツの量だけで計算してはならず、実際にバケツがどれくらい埋まっているかを考慮しなければなりません。そのためには授業のある日と休みの日を区別しなければなりません。そうでないと、計算結果が実際のごみの量とくらべて多すぎることになる恐れがあります。

生徒たちには、単位の扱いや個々の計算段階の関係は簡単には見えてきません。それを補うため、個別の段階ごとに実際と関連付けるようにします。一番良いのは、黒板で生徒たちに説明しながら計算していくことです。

個々のワークシートの結果を足し、自分たちの学校の年間のごみの量を出しましょう。

次の段階では、もし自分たちが今座っているこの教室にごみを集めたとしたら、ごみはいつ首のところまで到達するかを、生徒たちと計算します。教室の長さと幅、一人の座ってる子どもの首までの高さを測ります。その後、生徒たちはワークシートにある時間を一人で計算します。ワークシート

ワークシート：ごみの量

ごみの種類			
1	ごみバケツひとつあたりの容量	=	立方メートル
2	×ごみバケツの数	=	立方メートル
3	回収回数（1週間あたり）	=	回
4	年間授業週数	=	週
5	年間授業週における回収数	=	回
6	授業週における回収でのごみバケツの満タン度	=	%
7	授業週における回収ごとのごみの量	=	立方メートル
8	授業週におけるごみの量	=	立方メートル
9	年間あたりの授業のない週の数	=	週
10	年間あたりの授業のない週の回収数	=	回
11	授業のない週の回収でのごみバケツの満タン度	=	%
12	授業のない週の回収ごとのごみの量	=	立方メートル
13	授業のない週のごみの量	=	立方メートル
14	年間あたりのごみの量（8行目+13行目）	=	立方メートル

ワークシート：いつ、ごみの中に首まで埋まっちゃう？

1	私たちの学校の1年間のごみの総量	=	立方メートル
2	教室の長さ	=	m
3	教室の幅	=	m
4	首までの高さ	=	m
5	量（長さ×幅×高さ）	=	立方メートル
6	時間（量÷年間のごみの量）	=	年

を渡さなくても、生徒たちは自分で計算方法を見つけられるでしょうか？

結果を定着させるためには、それぞれの生徒たちが平行して取り組める次のような課題が向いています。

■結果を目に見えるように図や絵を使って表現し、校内で発表する。
■リサイクルのために分別回収できる素材の割合をパーセントで計算する。
■得られた結果をグラフ化する。（例、ごみの量の区分）
■ごみの量を減らすためのアイディアを探す。
■生徒たちと一緒に色々なコンテナーの中を覗いてみる。どんな素材やものが入っていますか？　ごみの量（特に分別できない残りごみ）を減らすためには、何をしたらよいでしょうか？　先生や生徒たちは何ができるでしょうか？　影響力を与える以外には（次に）何ができるでしょうか？　できるだけたくさんの実際的なアイディアを集めて、賛否を話し合ってください。
■ごみの処理にいくらお金がかかっていますか？

経験と成果：学校の大きさによって、ここで問題となるごみの量が生み出されるまで数ヶ月から数年など、時間は異なります。もちろん、皆さんの「ごみ文化」にもよります。例えば、先生や生徒たちが使い捨て容器でお弁当を持ってきているかどうか、学校のカフェテリア（訳注：ドイツの学校は、これまで半日制が一般的であり、給食設備の代わりに軽食などを提供するカフェテリアが併設されることが多い）ではリユース食器でごみがあまり出ないように軽食を提供しているかどうか、などです。

特別なヒント：あらかじめごみ料金の通知書を入手するようにしてください。この書類が事務室になければ、学校運営者に聞いてみる必要があります（例、学校運営局、行政の経理課、公有地管理課）。

生徒たちは、前述の課題でごみの量を現実にもとづいて紹介することに取り組むことができます。もちろん、問題を露骨に表現することにこだわる必要はありません。生徒たちが解決のための戦略（ここではごみの削減や分別回収、再資源化）を練り、それを実行に移すことを学んでくれたらしめたものです。しかし、これには本当に手間暇がかかりますので、他の章で扱います。

ごみと暮らしかた　昨日、今日、明日〜タイムトラベル

ねらい　　　：人間と環境の間の物質代謝を歴史的な観点から知る。環境問題と暮らし方や消費の仕方の関係を探りだす。未来を空想する。
対象グループ：七、八年生
専門との関連：歴史、哲学、宗教（自分の人生設計を発展させる）
職業技術（製品が市場に出る、製品分析）
生物（食べる―呼吸―排泄）
準備と実施にかかる労力：Ｉ
所要時間　：四〜六時間

前提と準備：

このプロジェクトでは、生徒たちが過去へのタイムトラベルを企画します。例えば、地元の民俗博物館、できれば「食べ物」というテーマに合った展示物があるようなところを、みんなで見学して

もよいでしょう。あらかじめ問い合わせをして、このプロジェクトに合ったガイドをお願いしてください。他の例としては、昔の料理の本（少なくとも三〇～五〇年前のもの）を準備してもよいでしょう。

実施：

過去と今日の食べ物について調べて、未来の食べ物について考えます。食べ物がどこから来たのか、どのように調理するか、どんな味がするか、何がごみとして残るかを質問します。

雰囲気作りと現在（一時間）：雰囲気作りとして、生徒たちは自分たちの好きな料理を教え合います。次の質問を黒板に書き、生徒たちに三～五分、時間を与えて答えを考えさせます。

■好きな食べ物は何ですか？
■それにはどんな材料が使われていて、その原料はどこから来ますか？
■それはどうやって調理されますか？
■どんな味がしますか？
■何がごみとして残りますか？

次に、適当に（カードを引いたり）ペアを作り、質問し合います。引き続いて、もう一度適当に五～六人のグループを作り、もう一度好きな料理について話させます。

次の質問についての情報を集めて黒板に書いてください。私たちにとって大切な食べ物とはなんですか？　これはどういった原料から作られますか？　私たちはどうやって食べ物を調理しますか？

どれらをどうやって保管しますか？　何がごみとして残りますか？

過去へのタイムトラベル（二〜三時間）：民俗博物館を訪問したり、古い料理本のレシピを見て、過去に自分の身を置いてください。私たちの祖先はどうやって栄養を取っていたのでしょうか？　どうやって食べ物を調理していましたか？　どんな味がしたのでしょうか？　どうやって食べ物を蓄えていましたか？　調理の後にはどんなごみが残りましたか？

このタイムトラベルを実際に目に見えるように企画してください。できれば、昔の料理を実際に作って試食してみてもいいかもしれません。このタイムトラベルをフラッシュの手法（訳注：輪になって、ひとりずつ簡単に発言する手法）で終えます。輪になって座り、それぞれタイムトラベラーが、この旅が気に入ったか、何が特に面白かったかなどを一言ずつ言います。発言に対しては他の子どもにはコメントさせないようにし、自分独自の印象についてだけ話させます。

現在への帰還（一コマの半分）：現在へと戻って、過去と比べて現在の食べ物がどう変わったかを考えます。傾向をなるべく簡潔かつ的確に表現してください。その際、以下のことを考えに入れてください。

■手に入れられる食べ物の量と種類
■食べ物の産地（地元産、国産、外国産）
■食べ物の保存・包装・保管の方法
■そこから引き起こされる容器包装の消費
■排出されるごみ

■家庭での調理にかかる労力
■文化的な側面（食文化）

未来へのタイムトラベル（一時間半）：次は、生徒たちは未来へのタイムトラベルをし、同じテーマを再び探ります。想像力を働かせ、その前に得られた傾向を応用します（この傾向は将来的にも直線上に伸びる可能性もありますが、必ずしもそうする必要はありません）。

クラスのみんな一緒に、もしくはグループごとに次の質問について考えましょう。

■五〇年後、自分たちが今のおじいさんおばあさんの歳になる頃には、一体どうやって食べ物を食べているでしょうか？　どんな食べ物を食べているでしょうか？　どうやって調理し、どんな味がするでしょうか？　何があいかわらずごみとして残るでしょうか？
■今日の状況と何が違うでしょうか？
■どんな風に変わって欲しいですか？　どうな風にはなってほしくないですか？　なってほしいように変えるには、何が私たちにできるでしょうか？

経験と成果：三〇～五〇年前を振り返れば十分です。それどころか、旧東ドイツ地域では一九八九年以前の時代へさかのぼれば、タイムトラベルの効果が十分に得られます。

特別なヒント：このようなタイムトラベルはもちろん他のテーマでも実現できるでしょう。

ドケチ先生のボロ儲け～環境保護と経済性

ねらい：環境保護を経済的な観点から考察する。環境問題解決のための斬新な戦略を知る。モデルを開発する。
対象グループ：七、八年生
専門との関連：技術（住まいと暮らし―家庭のエネルギー供給とごみ処理）
数学（数と単位の処理、量、電卓を使った計算、グラフ）
準備と実施にかかる労力：Ⅰ
所要時間　：一時間

前提と準備：

自分たちの学校のごみ処理料金を調べてください。立方メートルあたりの料金の記載が必要です。このためにごみ料金の通知書を調べてください（事務員か学校運営者）。

経済的な考え方の基礎的な概念を、生徒たちが既によく理解している必要があります。

実施：

プレゼントをあげることでお金を節約し、さらに環境への負荷も軽くするなんてできるでしょうか？　生徒たちにしても先生にしても、きっと授業の最初にはこの質問に「はい」とは答えられないでしょう。この単元では、それがなんと可能であるということを証明する必要があります。そのために生徒たちに協力してもらって、次の考えを黒板に書いてください。

フリーダ・フライスィヒちゃん（訳注：真面目）とゼバスティアン・シュルードリッヒくん（訳注：だらしない）は、私たちの学校の架空のクラス七R組の生徒です。去年までは、二人は毎日飲み物を家から持参していました。その内容量は、（年間平均すると）三三〇ミリリットルです。ここでは缶やテトラパックを問題としていますが、この二人は随分とごみを生み出してきたことになります。どれくらいの量のごみを、二人はそれぞれ年間二〇〇日の登校日で排出したのでしょうか？

この学校では、年間一五〇立方メートルのごみを生み出し、そのために四五〇〇ユーロのごみ料金を支払っています。ごみ一立方メートルにつき三〇ユーロの計算になります。この値は普通の範囲内ですが、地域の状況によってかなり幅があります。したがって、この二人の生徒が排出したごみそれぞれ六〇リットルは、それぞれ一・八ユーロになります。

そこで、うちの学校で環境を担当しているドケチ先生は、デザインのすごくかっこいい水筒をまとめ買いして、それを生徒たちにプレゼントしました。水筒ひとつにつき一・五ユーロしました。もちろんドケチ先生は、純粋に好意からだけでそうしたわけではなく、環境のためにしているのです。さらに、先生はこのプレゼントでお金も節約するつもりです。彼の計画はうまくいくでしょうか?

フリーダ・フライスィヒちゃんは、これまでごみのことなど考えたことはありませんでした。しかし、彼女はこの新しい水筒に毎日フルーツジュースを入れて持参し、ジュースの容器はもう必要なくなりました。そうして彼女は年間六〇リットルのごみと一・八ユーロのお金を節約しています。彼女の場合は、一年近くで投資分の元が取れました。彼女の残りの登校年数の四年がたてば、ドケチ先生はこの子の分で五・七ユーロの利益が得られるのです。

ゼバスティアン・シュルードリッヒくんもこの水筒が気に入ったし、環境のためにも何かしたいと思っています。しかし彼が好きなのはコーラで、水筒に詰め替えると缶のコーラよりおいしくなくなってしまいます。また、彼は朝寝坊することが多く、そのためコーラを水筒に詰め替えてくることはそう多くありません。それでも最初の半年はその新しい水筒を五〇回使いました。しかし、その後水筒がどこかにいってしまいました。ゼバスティアンは合計一五リットルのごみと、四五セントのお金を節約したことになります。ドケチ先生は水筒ひとつにつき一・五ユーロ投資したので、この生徒の分では一・〇五ユーロ失ったことになります。

最後にアントン・オルタナティブくんの場合。彼は長い間、環境クラブに従事していて、飲み物はこれまでいつも水筒に入れて持ってきています。ドケチ先生は彼のこの活動をもちろん「罰する」つもりはありませんが、彼にも新しい水筒をあげました。しかし、ドケチ先生がこれで得することはありません。彼は逆に一・五ユーロ損をします。

結果：多くの生徒が継続的に喜んで水筒を使うようになれば、ドケチ先生が利益を得る機会ができます。

ここでさらに質問です。この中からひとつ選んで、生徒たちと話し合ってください。

■私たちの学校には、何人のフリーダ、ゼバスティアン、アントンがいるでしょうか？　生徒一人当たり平均してどれくらいの量のごみを削減できるでしょうか？（これはもちろん想像の域を出ませんが、それでもひとつの値で統一してください。この値は、次の質問で必要になります）

■水筒の値段は経済性にどんな影響をもたらしますか？　ドケチ先生が損をしないためには、水筒の値段は最高でいくらまでならよいでしょうか？

■ごみ料金は経済性にどんな影響を与えますか？

■ドケチ先生は、実際にはごみバケツいっぱいのごみを節約して初めて、やっと少し得をします。このことから、彼の商売のアイディアはどうだと言えますか？

■生徒たちに水筒を継続的に喜んで使わせるためには、ドケチ先生は実際にはどんなことができるでしょうか？

経験と成果：ドイツの学校では、入学時にお弁当箱がもらえることがよくあります。これは、ごみの発生抑制をねらったものですが、健康を考えてのことでもあります。というのも、パンや果物を持参するほうがチョコレートよりも確実に健康によいからです。こうした背景には、大抵、地元のごみ処理業者の存在があります。彼らにとっては、お弁当箱を配ることで広告になる上、埋立地や焼却炉を新たに建てずに済むようにごみの量を制限したいという思惑があります（コストもかかるし、計画や承認にとても長い時間がかかります）。ごみ処理業者は、よくこうしたプレゼントに便乗して保護者向けに広告を配ったり、ごみ相談員を学校でのごみプロジェクトのために派遣するサービスを提供したりしています。

特別なヒント：自分たちの学校でもこの対策が役に立ちそうだと思えば、ぜひ実行してください。自治体の環境相談窓口やごみ相談窓口が助けてくれるかもしれません。学校運営者は自分たちのお金を節約できるのですから、支援に関心を持つはずです。

一般的なことですが、あなたが環境保護を実現するために実際に一歩踏み出したいのでしたら、そしてそのために第三者の支援が必要なのでしたら、いつもお願いという姿勢をとるのではなく、工夫して経済を環境のために活用してください。

飲料にデポジットびん（訳注：飲料に瓶代を上乗せして販売し、びんの返却時に瓶代を返却するシステム）を使えばごみの量をかなり減らすことができます。デュッセルドルフにあるマックス・ウェーバー職業学校とヴァルター・オイケン職業学校では、デポジット式の飲料自動販売機を導入してごみの料金を年間約一万五千ユーロ減らしました。

ドイツでは、数年前から清涼飲料用の使い捨ての缶やプラスチックボトルに高額の瓶代をかけるようになりました。この制度はこれらの使い捨て容器がなるべくでないようにするために役立ちます。

エーミールってかっこいい！ ～環境保護のための広告を作る

ねらい：環境に配慮した行動を文化的な価値として伝える。グループで創造力を働かせて作業する。

対象グループ：七、八年生、九、一〇年生

専門との関連：七、八年生では、

技術（家庭のエネルギー供給とごみ処理）

美術（色、美術的な造形、視覚的コミュニケーション）

国語（文章作成、文章でのコミュニケーション（絵とも組み合わせた広告文章の作成、メディアが提供する文章とその独自の構造や機能を意識した把握））

情報学（絵、図、構成）

科目横断的な作業分野としてメディア教育

九、一〇年生では、

技術（選択必修：家政の管理―購買戦略を知る、経済―広告とその形成）

哲学（人道的体験の観点からの美学）

国語（文章でのコミュニケーション）
美術　情報学（マルチメディアの活用と作成）
場合によっては、社会学（グローバルな発展の機会と危険性）、宗教（成功した人生への尺度を育む）

準備と実施にかかる労力：I
所要時間　：四～六時間

前提と準備：

自分たちの学校のごみを減らしたり省エネをしたりしたい場合、生徒たちや教員に参加する意欲を沸かすという壁が、目の前にたちはだかっています。一部の人たちには、環境意識や義務感、そして秩序の観念に働きかけることでうまくいきます。しかし、そうはいかないことのほうがきっと多いでしょう。なぜかというと、環境に配慮した行動というのは、ちょっとばかり面倒だったり、子どもたちにとっては缶のコーラをびんの紅茶に変えるのは「なんかかっこわるい」ことだったりするからです。

環境保護にポジティブな印象を与えてください。このやり方は、あなたが環境問題を伝えるのに、とても役に立ちます。規則の代わりに前向きなアイデンティティを与えてください。道徳を盾にあれこれ指図するのではなく、茶目っ気のあるお仕置きをしてください。内容よりも調子が大切です。

もちろん、環境にやさしい行動に影響を与える他の要素もよく考える必要があります。働きかける前に、まず先に行動のオルタナティブを提供することが必要です。そしてその人にとって過剰に負担となることを要求してはいけません。

この単元のためには、以下のものが十分な量必要になります。紙（色つきでも可、大きなサイズでも可）、ペン（太さ八ミリまで）、絵の具、筆、はさみ、黒板、コルクボード、シール、マグネット。教育用実物教材として、雑誌が数冊必要です。グループ作業向けに、机を動かせるような教室で実施することが望まれます。

実施：

最初の一時間は、黒板に向かって椅子を弓状に並べます。

課題を決める：実施中もしくは計画中の環境活動との関連で、対象グループと広告キャンペーンの目的を決めます。ごみの削減に取り組みたい場合は、こんな風にできるでしょう。

■再利用できるお弁当箱や水筒で昼ごはんを持参する

■カフェテリアでは、缶飲料やチョコレートでなく、再利用びん入りの飲み物やパン（これらがあるという前提）を購入する。

■ごみを分別してバケツに捨てる。

実現できる目標をたてるように注意してください。さもないと、どんなによい広告にも意味がありません。

ブレーンストーミング：この段階で、脳の中を新鮮な風が吹きぬけ、アイディアが巻き起こります。「どうやって仲間を環境に配慮した行動へと導くことができるでしょうか？　どんなメッセージを伝えたいですか？　どんなメディアを使いたいですか？」すべての生徒がアイディアをあげ、二人の書記担当者がＡ４サイズの紙にポイントを書いて、黒板に貼ります。事前に進め方を説明し、これを黒板にも書いておきます。

■なるべくたくさんのアイディアが必要です。
■どんなアイディア（おかしなものでも）も歓迎！
■どんなアイディアでもどんどん考え出してください！
■批判や議論は禁止！

こうすることで、たとえば学校向けの水筒のアイディアなどが生み出され、それにエーミールなんて名前がつけられ、さらにかっこいいキャッチフレーズをつけて宣伝したりということになるのです。アイディアの源を断ち切るようなものはすべて避けてください。紙くず入れにアラーム装置をつけて、投げて入らなかったときに音が鳴るなんていうアイディアが出たとしても問題ありません。選ぶのは次の段階です。

整理と選択：出たアイディアをグルーピングできるか、みんなでチェックしてください。黒板に

学校での環境広告に役立つ手段

■校舎内のポスター（絵、写真、コラージュ、コンピューターグラフィック）
■全教員および生徒向けのビラ
■学校新聞（報告記事、アナウンス、短いお話）
■校内放送（環境ラップ、ラジオのような広告）
■授業教材（コピーして配布できるプリント、ポスター、ビデオ、パワーポイント資料）
■アクション（空き缶パレード、ごみを出さないパーティー）
■コンテスト（アイディアコンテスト、ごみ削減コンテスト）
■劇や音楽演奏

ワークシート「環境保護のための広告」

次の課題を少しずつ実現することで、君たちの広告をつくろう！
■これまでの授業で出たアイディアについてもう一度話し合ってみよう。
・どんなメッセージを伝えたい？
・このメッセージをどうやって「伝え」たい？
・何を「ネタ」として使いたい？
■雑誌から気に入った言い回しを探し、広告のプロだったら自分たちのメッセージをどう表現するか考えてみよう。各自が、広告の中で伝えること、どうやって芸術的な手段で伝えるかを、短い文章で書きだしてみよう。
■構想を練ってみよう。
■グループで構想について話し合おう。参加していない人（他のグループ）からも意見をもらおう。それから、何をやってみたいかを選ぼう。
■君たちの広告のアイディアを最終的なかたちに仕上げよう。

貼った紙を必要に応じて並べ替えてください。

いよいよ生徒たちはどのアイディアを実行に移すかを決めます。基準となるのは、個人的な意見や成功する可能性、授業時間内で実現できるかどうかです。（この枠からはみ出たアイディアは、次のプロジェクト週間の時に取り上げることができます）。各生徒に三つずつシールを配り、それを黒板の好きなアイディアのところに貼って、人気リストを作ってください。

人気のあったアイディアを実施します。興味に合わせて生徒たちを三人から六人の小グループに分けます。誰がどのグループでどのアイディアをしたいのかは、生徒たちに任せてください。作業を進められないグループができてしまったときにだけ口をはさんでください。たとえば、一〇人グループができてしまったときなどは、これを二つの小グループに分けて、平行して同じテーマに取り組ませてもよいでしょう。

次の工程の準備作業として、生徒たちに広告をどうやって作るか考えさせ、雑誌の広告などでヒントを与えます。次の時間のためにグループ作業用に机を並べ替えます。

アイディアの立案（二～三時間）**：**小グループでアイディアを実行に移します。助けになるようワークシートを生徒たちに配ってください。

意見交換と実施（一～二時間）**：**小グループは作業結果をクラスのみんなの前で発表します。他の生徒は結果がどうだったかを評価します。褒められたグループは喜びます。「不評」なグループがあ

大当たり！

それぞれの質問に対し、自分の考えに該当する点数を記入しなさい。

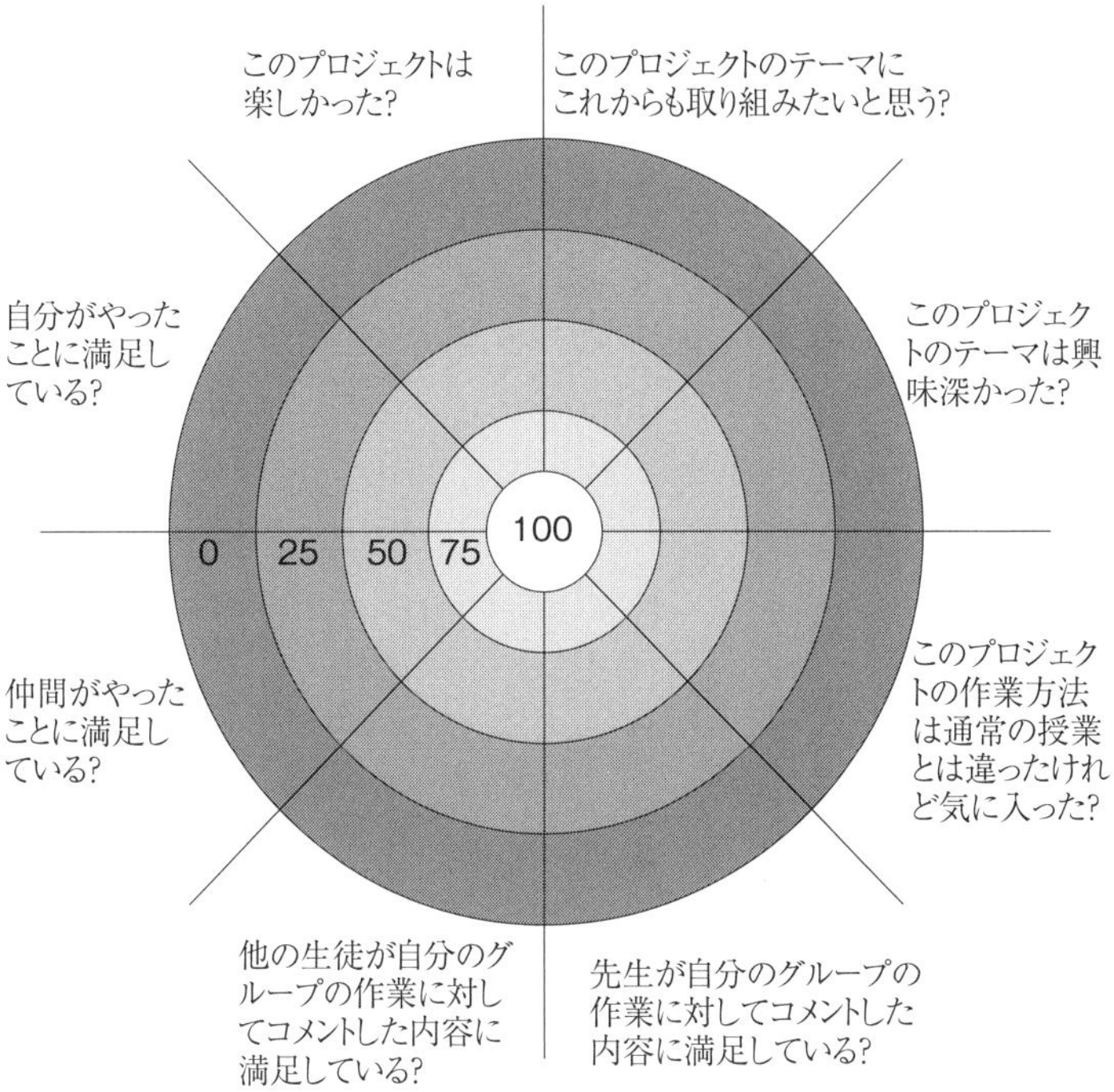
このプロジェクトは楽しかった?
このプロジェクトのテーマにこれからも取り組みたいと思う?
自分がやったことに満足している?
このプロジェクトのテーマは興味深かった?
100
0
25
50
75
仲間がやったことに満足している?
このプロジェクトの作業方法は通常の授業とは違ったけれど気に入った?
他の生徒が自分のグループの作業に対してコメントした内容に満足している?
先生が自分のグループの作業に対してコメントした内容に満足している?

ったら、これを学校の広報として使うことに意味があるかどうかを考えてください。これらの環境プロジェクトは、「いい」広告でしか促進されません。
これで広告は実現されました。つまり、ポスターが貼られ、ビラが配られ、アクションの準備ができました。

締めくくり：生徒たちにフィードバックの機会を与えてください。そのために一四三ページにあるダーツボードを使うことができます。どの子どもも、質問ごとに評価ポイントを記入できます。
このアクションに対して学校の広報からのフィードバックがあったら、子どもたちと後で相談してください。

経験と成果：生徒たちの創造性を喚起すれば、それなりの甲斐があります。簡単な方法だけでも考えるきっかけができます。シュトラールズントのF・v・シル小学校の生徒たちは、たとえばストップの標識を紙くず入れの上に取り付けました。
子どもたちの環境問題への取り組みとしては、デュッセルドルフのショル兄妹ギムナジウムの例が参考になります。ここでは、たとえば次のような題材や活動形態が用いられています（このごみをテーマとした活動例は、六年生のごみプロジェクト週間で生まれたものです）。

・ごみ演劇
・缶の歌

・ごみアート
・アルミ缶の原料であるボーキサイトを調達するために熱帯雨林が破壊されている現状について、原生林大使が解説。

また、海外ゲストの訪問も、環境保護へ子どもたちの関心を向けるのに役立ちます。この学校の子どもたちは、その影響で、自分の街でも公の場で外国人排斥問題や権利問題に取り組むようになったり、募金マラソンやチャリティコンサートなどの活動を自分たちで企画運営して一万ユーロを集め、その七割を児童福祉センターに寄付したりしました。

このような活動は、生徒たちに学校の環境マネジメントの〝下働き〟をさせるのではなく、学習のアレンジにとても適しています。というのも、このような活動では、生徒たちは発表したい学習状況に集中して取り組まざるを得ないからです。また、活動を通じて、生徒たちは成績評価とはまた全く違うフィードバックを、同級生や市民から得られるからです。

さらに、民主主義には、建設的に干渉する意欲と力を持った成熟した市民が必要です。

特別なヒント：今回実施できなかったいいアイディアを、今後の活動の宝物としてとっておいてください。校内全体で創作コンテストを呼びかければ、他の生徒たちの創造性も取り入れられます。

ごみの運行表～学校のものの流れ

ねらい：買い物（物の調達）とごみの量の関係を知る。ごみの発生抑制のためのアイディアに取り組む。複雑な問題を整理し、解決する。

対象グループ：九、一〇年生

専門との関連：技術（家計─消費者としての役割の認識、選択必修：家政の管理─広告、包装、買い物）

化学

生物学（生態学─物質の取り出しと返却、人間と生態系）

地理学（人間の原料調達の確保）

選択必修：物理（自然における原料・エネルギー転換と技術）

準備と実施にかかる労力：I

所要時間：一～二時間

前提と準備：

自分たちの学校のごみ処理についてイメージしてください。どんな回収システムや処理方法があるでしょうか？　たとえば、グレーのごみバケツ、容器包装のための黄色のごみ袋、紙ごみ用のブルーのごみバケツなどでしょうか？　この単元で扱うのは、自分たちの学校のごみの総量だということに注意してください。リサイクルにまわすごみも、ここに入ります。なぜかというと、「リサイクルよりも発生抑制のほうがいい」というのが、ここでも当てはまるからです。

ごみを分析するのに、静かな場所と計画、手袋、それから自分の学校のごみの抜き取り検査も、もちろん必要です。

実施：

情報収集（一時間）：最初の段階では、自分たちの学校ではどんな素材がごみとして出されているのか、生徒たちにイメージを持たせます。次に、紙くず箱、ごみバケツなどをいくつか見つけ、中のものやその割合（概算で）を記録します。その際、回収や処理のシステムを忘れないようにしてください。クラスの生徒たちと一緒にごみの分析をすればもっと都合がよいでしょう。ごみの抜き取り検査で種類ごとに分け、量の割合を見積もります。

運行表（一時間）：この単元は黒板で行います。生徒たちと一緒に「運行表」を作り、物の調達とごみの関係を目に見えるようわかりやすく示してください（一四九ページ参照）。

ごみ：学校のごみのなかにどんな素材があり、それぞれどれくらいの割合を占めていると予測できるかを、生徒たちに質問してください。生徒たちの答えとあなた自身が調べたことを比べてください。ごみの中に見つかった素材に合わせて、表の列の幅を調整してください。この列の幅の大きさが、ごみの量に対する素材の（少なくとも大雑把に見積もった）割合を象徴しています。

これにより、問題を「さかのぼって」捕らえることになりますが、これは意味のあることです。というのは、ごみがこの問題を目に見えやすくするからです。

素材の調達：それでは、ごみの中で見つかった素材はどこからやってきたのか、つまり、どんな「調達の場面」に分けられるかを、みんなでディスカッションしてください。その際、順番にごみを選び、その素材がどんなところからごみバケツにたどり着いたのか、色々なルートを徹底的に考えてください。このごみの発生源を表の列に記入し、該当するところに○印をつけてください。該当しない場合は、その欄に横棒（—）を記入してください。

まず調達の場面をすべてリストアップして、その後でごみとの関連を考えるより、こうしたほうが、生徒たちにとってはおそらく目に見えやすいでしょう。

ごみの運行表（例）

どこから来る	紙、ボール紙	プラスチック、複合素材のごみ	缶	ガラス	生ごみ	布	特別ごみ	その他
学校が購入する教材等	○○	○	—	○	—	—	○	○
生徒が使用する文具等	○	○	—	—	—	—	—	○
カフェテリア	○	○○○	○	○○	○	—	—	○
飲料用自動販売機	—	—	○○	—		—	—	—
持参するお弁当	○	○○	○	○	○	—	—	—
緑地の手入れ	—	—	—	—	○○	—	—	○
市民講座	○	○	○	—		○	—	○
コンピュータークラブ	○	○	○	—		—	—	○

どのごみ？

重みづけ：運行表にすべての調達の場面とそれに伴うごみを記入したら、ポイントをみんなで探します。どのごみがあなたにとって特に重大でしょうか？　そのごみの量が多いから、（十分に）リサイクルできないからなど。その主な発生源はなんですか？　これらのポイントをたとえば◎にするなどして特徴づけてもよいでしょう。

推論：ごみの発生を抑制するには、どこでどんな対策を始めればよいのかをみんなで考えてください（紙や容器包装の分別はここではあてはまりません）。カフェテリアが容器包装ごみの主な発生源になっているかどうか、ごみが特に学校の外から持ち込まれているのかどうかによって、大きく異なります。

研究『地球が生き残るための条件』によれば、一九九六年の時点で既に、ドイツならびに他の先進国は再生可能でない原料を、短期的に（二〇一〇年までに）二五パーセント、長期的には（二〇五〇年までに）八〇～九〇パーセント削減すべきだとされています。独連邦統計局によれば、国民総生産が上昇する一方で原料消費が実際に下がっているということが、二〇〇六年に証明されました。ただ、これは単に、特に建設など素材が多く必要とされる分野を減らし、サービスを増やすというドイツの経済的な構造改革によるものでしょう。ですから、社会の全ての分野において素材をより効率的に投入する、つまり、より少ない素材でよりたくさんのものを作るために、やるべきことはまだたくさんあります。

あなたたちの学校の最も重要な素材の流れはなんでしょう？　それはどうすれば減らすことができるでしょうか？

経験と成果：運行表を知っている人しか、本当には弱点に気づきません。簡単な教材で子どもも教員も環境問題を整理し、新しい知識やアイディアが得られます。

学校では、ほとんどの場合、ごみの発生抑制は分別よりも実現するのが難しいことです。しかし、環境の視点からすると、発生抑制はもっと有意義な戦略です。

特別なヒント：特に、調達の場面を徹底的に分けることを考えてください。ここが、状況ごとに目的に合わせた対策をするポイントです。

もちろんもっと詳細なデータに基づいて学習し、それによりこの単元を掘り下げることもできます。ただ、その場合はこの時間枠には合わなくなります。

参考文献と連絡先：

書籍『地球が生き残るための条件』ヴッパータール研究所（編）、ウォルフガング・ザックス、ラインハルト・ロスケ、マンフレート・リンツ（共著）、佐々木建、佐藤誠、小林誠（共訳）、家の光協会

運命の分かれ道～再資源化できるごみをひとつひとつ把握する

ねらい：学校でごみの分別回収を導入したり、現状の効率化を図ることで、環境の負荷を減らし、お金を節約する。問題を解決し、環境配慮型の対策導入のための行動能力を得る。

対象グループ：九、一〇年生

専門との関連：技術（選択必修：家政の管理、家政の環境に対する危険を認識する）社会学（将来的なグローバルな発展の機会と危険―エコロジーとエコノミーと社会の対立）

準備と実施にかかる労力：Ⅲ

所要時間：二～三日のプロジェクト

前提と準備：

ごみの分別回収は、学校の運営と関係があります。そのため、これはとても難しい計画で、校長

ワークシート：学校のごみ処理

私たちの学校では、どんな風にごみ処理を行なっていますか？
■どんな回収容器がありますか？　どこにありますか？
(別の紙にリストアップしてください)。
■誰がこの回収容器の中のものを大きなごみコンテナの中に入れていますか？
■誰がごみ料金を支払っていますか？

再資源化できるごみを既に分別回収している場合は、回収容器の中を見て、ごみが正しく入れられているかどうかをチェックしよう。

あなたの学校ではどれくらいのごみをどのように出していますか？　既存のごみを捨てる方法（例えば黄色のごみバケツや残りごみのコンテナ）をすべて、ひとつひとつ観察してみよう。
■コンテナの量はどれくらいでしょう？　どれくらいの周期で回収されていますか？　回収するときにはどれくらいごみが詰まっていますか？
■これらの情報から、ごみの量を見積もろう。
■残りごみの構成を算出しよう。さらに、抜き取り検査をして、それぞれのごみを素材別に手で切り離そう。その割合を記録しよう。
紙やダンボール
プラスチック、複合素材（容器包装）
缶
ガラス
生ごみ
その他（何？）
残りごみ

年間いくらのお金がごみ処理に使われているでしょうか？　ごみ料金の通知書を評価分析しよう。ごみ料金通知をとても批判的にじっくり見て、実情やごみ処理会社の規約と比べよう。

これまで残りごみとして出されてきた資源ごみを将来的に分別して処理したら、どれくらいのお金の節約になるでしょうか？

先生や学校運営者、主事さんや掃除担当者をパートナーにできなければうまくいきません。さらに、ここではなるべく全教員と生徒の協力を得ることが必要です（「エーミールってかっこいい！」一三七ページ参照）。

ごみの分別回収についての専門的な基礎知識は、五〜一〇人のグループで、二、三日のプロジェクトで身につけられます。ごみの分別回収について既に知識があれば、このシステムを必要に応じてもっと効率化できます。責任者との必要な調整は、教員が手助けをするか、全て引き受ける必要があります。これは、基本的に手間暇かかるプロセスであり、時間に制約のあるこの単元のなかで行えるものではありません。

あらかじめ、ごみ料金の通知書を調達してください（事務員か学校運営者）。ごみを分析するのに、静かな場所、計画、ごみバケツ、手袋、もちろん適当なごみの見本が必要となります。

実施：

データの把握：詳しいデータに基づいて、より正確に論証できるように、現在の状態を把握することでプロジェクトを開始してください。ワークシートに調査の手がかりが見つかります。つかんだ情報について、生徒たち全員で話合います。

計画：分別をどうやったら導入できるか、もしくはどうやってもっといい状態にできるか、グル

ワークシート：ごみの分別回収計画

下にあげる課題を一歩一歩十分に検討して、自分たちの答えやアイディア、意見を記録しよう。

どんなごみバケツが他に必要ですか？　どれくらいの数？　どこにおくべきですか？

ごみバケツにはどれくらいのお金を見込めばよいでしょうか？　実際の商品の情報を入手しよう（例、ホームセンターなど）。無料でごみバケツがもらえる可能性はありますか？

将来的には、分別したごみを誰がコンテナまで持っていくべきですか？
　この難しい問題に答えるのに十分な時間を取ろう。できるだけたくさんの提案を考え出そう。

■生徒たちが交代でごみ捨て当番を引き受けたらどうでしょう？
■掃除の業者がこの仕事を引き受けることはできますか？　掃除の業者に委託するのは、生徒や先生でも校長先生でもないことを考えてみよう。大抵は掃除の業者はサービス企業に所属していて、この人たちは学校運営者と雇用契約を結んでいます。この契約を通じてしかこの方法は実現できませんし、契約は何年も続く可能性もあります。これは学校運営者に相談しなくては変えられません。

将来的にごみを分別する気にさせるには学校の広報はどうすればよいでしょうか？

■ごみバケツにはどんな工夫をしたらよいでしょうか？
■どんなアクションで生徒たちや先生をごみの問題に目を向けさせることができますか？

ープでできるだけ詳しい提案を考えます。ここでも引き続き生徒たちだけで作業します（ワークシート「ごみの分別回収計画」一五五ページ参照）。

発表：プロジェクトグループが、実施にあたって必要なパートナーを獲得するには、結果をわかるようにまとめ、納得してもらえるよう発表しなければなりません。事実やアイディアを言葉で表現し、できれば説得力のあるグラフを付け足します。次に、行政の責任者や教員、他の児童・生徒も招きます。ここでは、ごみの実物も発表用にあるとよいでしょう。地元の新聞にこのごみプロジェクトの記事を書いてもらえたら、とても助かるでしょう。そのことで参加者全員の意識の中で価値が高まるものです。責任者と一緒に実施について調整しましょう。

経験と成果：学校では、残りごみ（訳注：再資源化できない普通ごみ）の内のかなりの割合（質量や体積の九〇パーセント以上）が再資源化できるものであることがよくあります。この残りごみの排出は原料の体系的な廃棄を意味していて、これにはまた、年間四〜五桁ユーロのコストがかかっています。ごみの分別回収によって年間何千ユーロものコストが節約できます。しかし、すべての再資源化できる素材を完全に判別するなど、非現実的だと思われます。たとえば、シュヴェアテ総合学校では、最初の段階で残りごみの二五パーセントを再資源化にまわし、シュトラールルズントのハンザ・ギムナジウムでは、非常に熱心な取り組みのおかげで六〇パーセントを達成しました。ドイツでは近年、ごみは原則的に焼却（もしくはそれに準じた方法で処理）しており、この点では温暖化防止にも貢献すること

ごみ＝お金の無駄

ごみの量とごみ処理料金、シュヴェアテ総合学校の例（1997年）

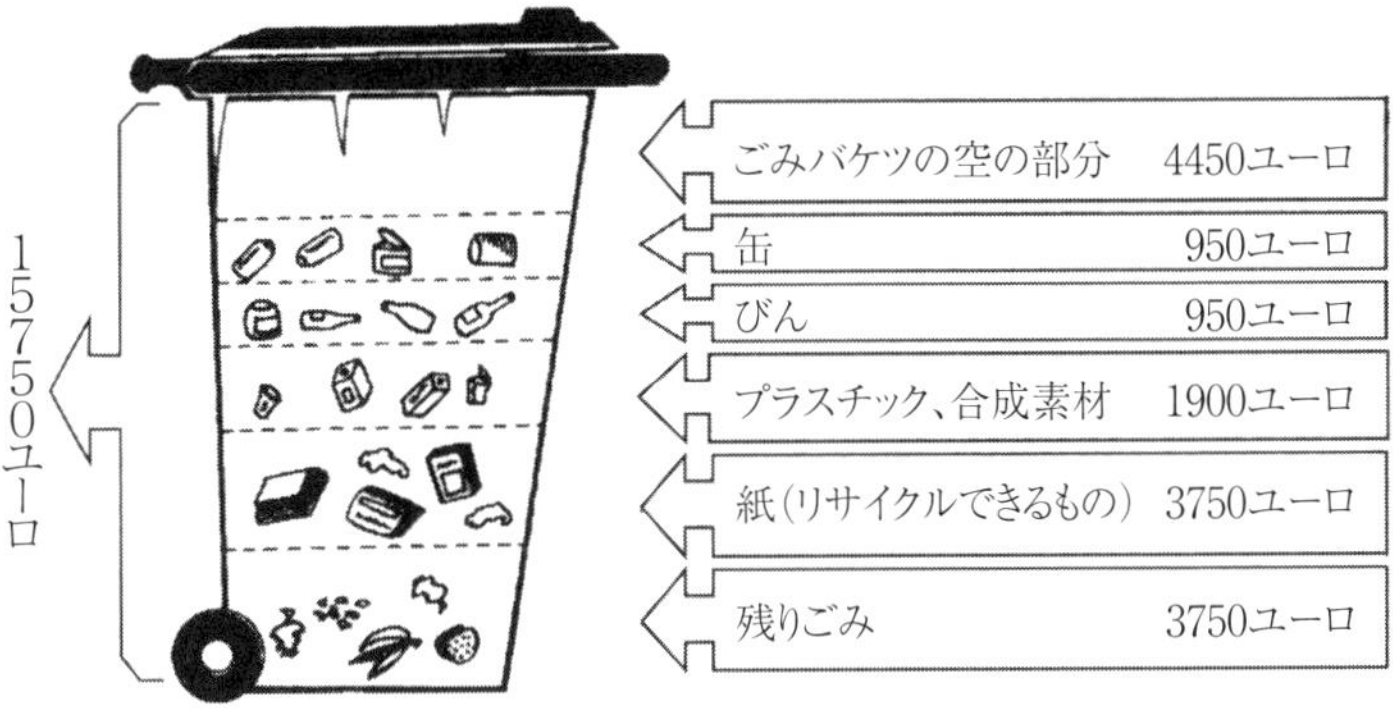

ができます。再資源化できるものを徹底的に分けることで、焼却時に発生するＣＯ$_2$の量を抑えることができるからです。

経験からすると、低学年の子どものほうが、高学年よりごみの分別に意欲を示します。特にごみ箱を面白おかしく子どもたちに気に入るように作ればなおさらです。たとえば、中国の遼陽（liaoyang）第四小学校には「ごみ列車」が停車していて、子どもたちは各車両に資源を投げ入れます。ドイツのフェルディナント・フォン・シル小学校では、高学年生が古い家具の廃材からごみ箱を作りました。しかし残念ながら、ごみの分別収集のようなちょっとめんどうなことは、いいスタートを切ったからといってそのままうまく進むとも限りません。ですから、好感が持て、意欲が湧くような形態での監視が有効です。デュッセルドルフのショル兄妹ギムナジウムやフルダ・パンコック総合学校では、よく分別できたクラスを表彰し、子どもたち自身が（一部、教員と協力して）パトロールを行い、もちろん職員室のごみの分別も監視しています。

その結果がこの単元につながっています。また、分別回収が既に導入されているのであれば、効果をチェックし、状況に応じて改善するのもよいでしょう。

料金通知が実情に合っているかどうかを、よくチェックしてみるのもよいでしょう。シュヴェアテ総合学校では、実際には存在しないごみバケツ丸一個分の料金が発覚しました。

特別なヒント：この計画ではお金が節約できるので、校長や学校運営者に参加してもらうのが特によい方法です。しかし、節約できたお金はまず学校運営者のもとに残ります。学校と学校運営者の間で、節約できたお金を分けることを約束するべきで、そうすれば学校でも環境保護への経済的インセンティブが働きます（「ネガワットは貯金箱」八五ページも参照）。

ごみの量や料金を判断するのに、休暇は別に扱う必要があります。休み中に学校の中が空になれば、ごみもほとんど出ません。しかしながら、基本的に料金はかかります。場合によっては、廃棄物処理会社の規約に、学校向けの料金をもっと安くするような可能性が規定されているかもしれません。

ごみの調査は、学校ではあまり好まれない傾向があります。そのため、「エーミールってかっこいい！」（一三七ページ）の章で例に挙げて紹介したように、必ずクリエイティブな要素で補うようにしてください。

見えなくなれば無いも同然〜ごみ処理見学

ねらい　　：ごみの処理を実際の例で知る。インタビューをして、分析評価し、自分の意見を形成する。
対象グループ：九、一〇年生
専門との関連：国語（実際の日常のコミュニケーションでの会話を作る、インタビューとディスカッションをする）
技術（家計—消費者としての役割の認識）
化学、生物学（生態学—物質の取り出しと返却、人間と生態系）
地理学（人間の原料調達の確保）
選択必修：物理（自然における原料・エネルギー転換と技術）
準備と実施にかかる労力：Ⅱ
所要時間　：約一日

前提と準備：

生徒たちと一緒に、興味深そうな近くのごみ処理場を選んでください。例えば、公営のごみ集積場、大きな工場の産業廃棄物集積場、資源の分別ステーションなど。連絡先は最寄の環境課で訊ねればよいでしょう。見学や訪問時間の調整はあらかじめする必要があります。また、旅費を調達する必要があります。

実施：

導入（一時間、場合によっては前日）：ごみ処理に携わっている会社では、今日、専門的な広報活動をしている場合がよくあります。これを活用しない手はありません。会社を見学するのに面倒な手続きを踏まなくてすみます。しかし、ごみの引き起こす環境問題も現代の処理技術で解決できるという印象を生徒たちが万一持ってしまうようでは、非生産的になりかねません（一一二ページ、この章の導入を参照）。

この単元は、生徒たちが批判的な質問をし、答えを記録し、自分自身の意見を作ることに照準があてられています。うまくいくかどうかは、あなたが生徒たちに積極的な役割の準備をさせられるかどうかにかかっています。

ごみ集積場での質問（例）

■ごみ集積場は環境保護にどんな役割をしていますか？
■「処理」と「再資源化」と「処分」の概念を、どのように理解していらっしゃいますか？
■どんな種類のごみをここでは埋め立てていますか？　どれくらいの量ですか？　どこからくるのですか？　あとどれくらいの間、この集積場を使い続けられますか？
■具体的にはごみはここでどうなりますか？
■私たちが昨日ごみ箱に捨てたコーラの空き缶やりんごの皮や新聞は、20年後には、リサイクルコンテナや生ごみバケツに入れるのではなく、どこでどうなっていますか？
■ごみの中には、環境を汚染するどんな物質が入っていますか？　何を特殊なごみとして回収していて、何はごみ箱に入れてはいけないのですか？
■ごみの中にある有害物質にはどんな危険がありますか？　有害物質はどうやって広がり、人間や環境を汚染する可能性がありますか？　そういった危険性を回避するために、どのような対策をお持ちですか？　どのように地下水を保護しているのか教えてください。
■200年後には、この集積場はどうなっているでしょうか？　まだ安全でしょうか？　有害物質はどんな状態でしょうか？　この「造られた」集積場はどんな状態でしょうか？
■2100年のごみ処理についてどのようなイメージをお持ちですか？　その時もこのような集積場は必要でしょうか？

この作業は、生徒たちと一緒にこの社会科見学の調査目的を作ることで始めます。生徒たちはごみ処理について既に何を知っていますか？　何が見てみたいですか？　社会科見学の一環で、例えば次の問題を追及することができます。

■人間から排出されたごみには、どんな運命が待ち構えていますか？　例えば、缶コーラやりんごの皮や新聞など。

■ごみは環境にどんな危険を与えますか？　そして、ごみの処理ではこれらの危険性をどうやって最小限にしようとしていますか？

■どういう場合に、どういった理由で、ごみ処理業界は批判を受けますか？

■「ごみ処理の未来」はどうなると思われますか？

調査のためのワークシートで共同作業をします。ワークシートには、なるべくたくさんの具体的な質問をあげ、答えのための十分なスペースを空けておく必要があります。枠内に、この質問のヒントがあります。

実施（二時間、現地＋移動時間）：見学の間は、準備したプログラムを予定通りに遂行してください。ワークシートでメモした質問に、生徒たちが自発的に取り組むようにします。質問のうちのいくつかは、きっと訪問先の担当者の話のなかに出てくるはずです。しかし、子どもたちは、質問も自分からする必要があります。

再資源化（リサイクル）施設での質問（例）

- ■この会社は環境保護にどのような貢献をしていますか？
- ■「処理」と「再資源化」と「処分」の概念を、どのように理解していらっしゃいますか？
- ■どの種類のごみをここで扱っていますか？　どれくらいの量ですか？　それはどこから来ますか？
- ■ここではごみを具体的にどうしているのですか？　それぞれの原料はこの施設を離れた後、どうなりますか？
- ■私たちが昨日資源ごみのコンテナに捨てたコーラの空き缶やジュースのパックや新聞は、1年後にはどこで、どんな商品になりますか？
- ■リサイクルとは一体なんですか？　こちらで扱われている素材の中のどれが、本当に循環しているのですか？
- ■リサイクルの全体の過程（ごみの収集からリサイクル商品の完成まで）において、どんな環境負荷が起きますか？
- ■再資源化のためのお金は誰が払っていますか？　そしてそのお金はどこから来ますか？
- ■2100年のごみ処理についてどのようなイメージをお持ちですか？　そのときもこのような会社がまだ必要でしょうか？

評価（一時間）：この見学は、環境保護の観点だけでなくコミュニケーション面でも評価できます。評価のためのワークシート（一六五ページ）がよい手引きとなるでしょう。この評価をディスカッション、もしくは確認テストとして行うのもよいでしょう。その際、生徒たちは見学時の記録を使ってよいこととします。

経験と成果：生徒たちに具体的な調査の任務を与えてから見学に行かせれば、見学の価値は非常に高くなります。

特別なヒント：廃棄物に関する記事を継続的に集めて、インタビューの準備の際に、それらの情報も入れてください。

分析評価のためのワークシート

1. 施設について

■「処理」と「再資源化」と「処分」の概念は、何を意味していますか？

■この施設にはどの概念が当てはまりますか？
どんな作業工程が行われているのか、短い文章で書き表してみよう。

■この施設は環境保護にどんな貢献をしていますか？

■どんな種類のごみがここで処理されていますか？

■どれくらいの量ですか？

2. 施設の担当者について

案内とインタビューの間、施設の担当者がどのような態度だったかを評価してみよう。また、次の質問に答え、その理由を挙げてみよう。

■担当者はよく準備していましたか？

■わかりやすく説明してくれましたか？

■自分たちがきちんと受け入れてもらえた感じがしましたか？

■質問の答えは満足できるものでしたか？

■どの答えに満足できませんでしたか？

3. 自分について

見学での自分の役割を評価してみよう。また、次の質問に答え、その理由をあげてみよう。

■よく準備していきましたか？

■積極的にディスカッションに参加しましたか？

■わかりやすいように質問しましたか？

■答えを理解して、記憶するか、十分にメモを取るかしましたか？

■気が散ってしまいましたか？　なぜですか？

■聞かなかったけれど、他にも何か質問がありましたか？

チョコレート物語〜ある商品の足跡をたどる世界旅行

ねらい　：ある商品の一生の物語を追う。商品や環境や人間の生活をグローバルな視点で探る。自分で調査する。知識を創造的に消化する。

対象グループ：九、一〇年生

専門との関連：地理（人口増加と世界の食糧、自然の生存基盤―その使用、汚染と保護）
生物（人間の生活基盤としてのバイオマス生産、世界人口の食糧問題）
技術（輸送と交通手段、選択必修：商品の輸送手段についての知識）
宗教（成功した人生への尺度を発展させる）
社会学（将来的なグローバルな発展の機会と危険―エコロジーとエコノミーと社会の対立、国際政策）
化学や、扱う商品によっては国語、美術

準備と実施にかかる労力：Ⅱ

所要時間　：一週間のプロジェクト

前提と準備：

一枚のチョコレートの一生をたどれば、カカオ商品の社会的位置づけを究明できることになります。これについては、このあと説明します。

また、他の視点（例えばチョコレートの包装のアルミニウムや紙の生産における環境問題など）やもの（例えばTシャツなど）を中心に据えてもよいでしょう。

いつものことですが、このような型にはまらないプロジェクトに取り組む場合、準備段階で基礎的な構造を自分で作らねばなりません。生徒たちが学習のプロセスを積極的に組み立てることを学べるよう、この段階を生徒たちと一緒に行ってください。有志のプロジェクトチームを発足し、プロジェクトの概要と具体的なプロジェクト計画を作ってください。どの製品やどんな視点に興味があるか、どんな方法で調査したいか、どんな成果物をプロジェクトの成果として作成したいか、意見を統一してください。

調査のために、生徒たちには情報源が必要です。たとえば、「ひとつの世界グループ（訳注：「第三世界」に代わって提唱された概念）」、教科書、その他図書館から借りたメディアやインターネット接続のできるコンピューターなど。これらの情報源は、あらかじめいくつか用意しておいてもよいですが、生徒たちが積極的に自分たちの責任で情報を探すようにさせてください。

教室の机をグループ作業に適したように並べ、中央に十分な空間を空けておいてください。

ワークシート：チョコレート物語（例、カカオグループ）

カカオ（カカオパウダー、カカオバター）の生産について幅広く情報を集めよう。

課題一：

次の調査の任務を遂行してください。その際、教科書と机の上にあるものを活用してください。一〇時から一二時までの間はPCルームも予約してあるので、検索エンジンを使うなどしてインターネットで情報を集めてください。誰か情報をくれる人がいたらその人に聞いてください。

■カカオはどんな植物でしょうか？　また、どうやってそれからカカオが作られるのでしょうか？

■カカオはどの国で栽培されますか？　それらの国の中からひとつの国を選んでください。どれくらいの量のカカオがそこで生産されますか？　輸出額はどれくらいですか？　また、国民経済にとってどのような意味がありますか？　この国では他にはどんなものを輸出していますか？

■カカオを生産している人々はどのように働いていますか？　彼らの家族はどのように生活していますか？

課題二：

調査が終わったら、各自、何が特に印象に残ったかを考えてみてください。特に何にわくわくしたり、珍しいと思ったり、変だ、面白い、悲しいと思いましたか？　これを簡潔に電報形式で、多くても一二の単語で表現してください。電報を一人一人が書いてください。次にそれを読み上げてそれについて話し合ってください。

それらの経験から、ドイツ国民としてはどのような結論が導き出せますか？「公正な取り引き」とはなんだと思いますか？ それにはどのような人が携わっていますか？ どんな考えや援助がその背後にありますか？

課題三：

チョコレートの原料とそれを生産する人について物語を作ってください。

しかし、その前に、どの視点（例えば、ある従業員の子どもたち、カカオ豆）で話したいのかを徹底的に考えてください。どのようにその物語を話すかをよく考えてください。ルポルタージュ風にしてもいいし、童話や漫画、もっとまったく他の形態が思いつくかもしれません。その際、他のグループと一緒に調整してください。

次に、グループ内でどのように作業を分担するのかを話し合って決めてください。

本当に意見が一致したら、それでは始めましょう。

実施：

雰囲気作り：雰囲気作りのために、教室の中央に椅子を円に並べて座ります。「私にとってチョコレートは……」というお題を出し、生徒たちに少し考える時間を与えます。続いて、一枚の大きな板チョコレートを回します。生徒たちはひとかけずつ取り、自分の作った文章を発表したらチョコレートを回して、自分の分を食べてよいことにします。板チョコレートを持っている子だけが話すようにします。完全な文章で答えなければなりませんが、長いだけでのらりくらりと内容がなくてもだめです。

調査の任務：それでは、この対象物にどんな成分が含まれているかを分類します。板チョコレートの場合は、包装材の紙やアルミニウム、一番重要なのはチョコレートの材料のカカオ（カカオパウダーやカカオバター）、砂糖です。また、チョコレートには調味料や粉ミルク、ナッツやレーズン、アーモンドなども入っているかもしれません。

では、生徒たちを仲良し同士もしくは興味によって小グループに分け、各グループで重要な成分の足跡をたどり、ひとつのグループがそのもの自体に取り組みます。ここでは、カカオグループの作業を中心にあげます。

各グループは、それぞれの具体的なプロジェクトのために用意されたワークシートをもらいます（一六八ページ）。

板チョコレートはどこからくるんだろう？

主な原料の産地(例)

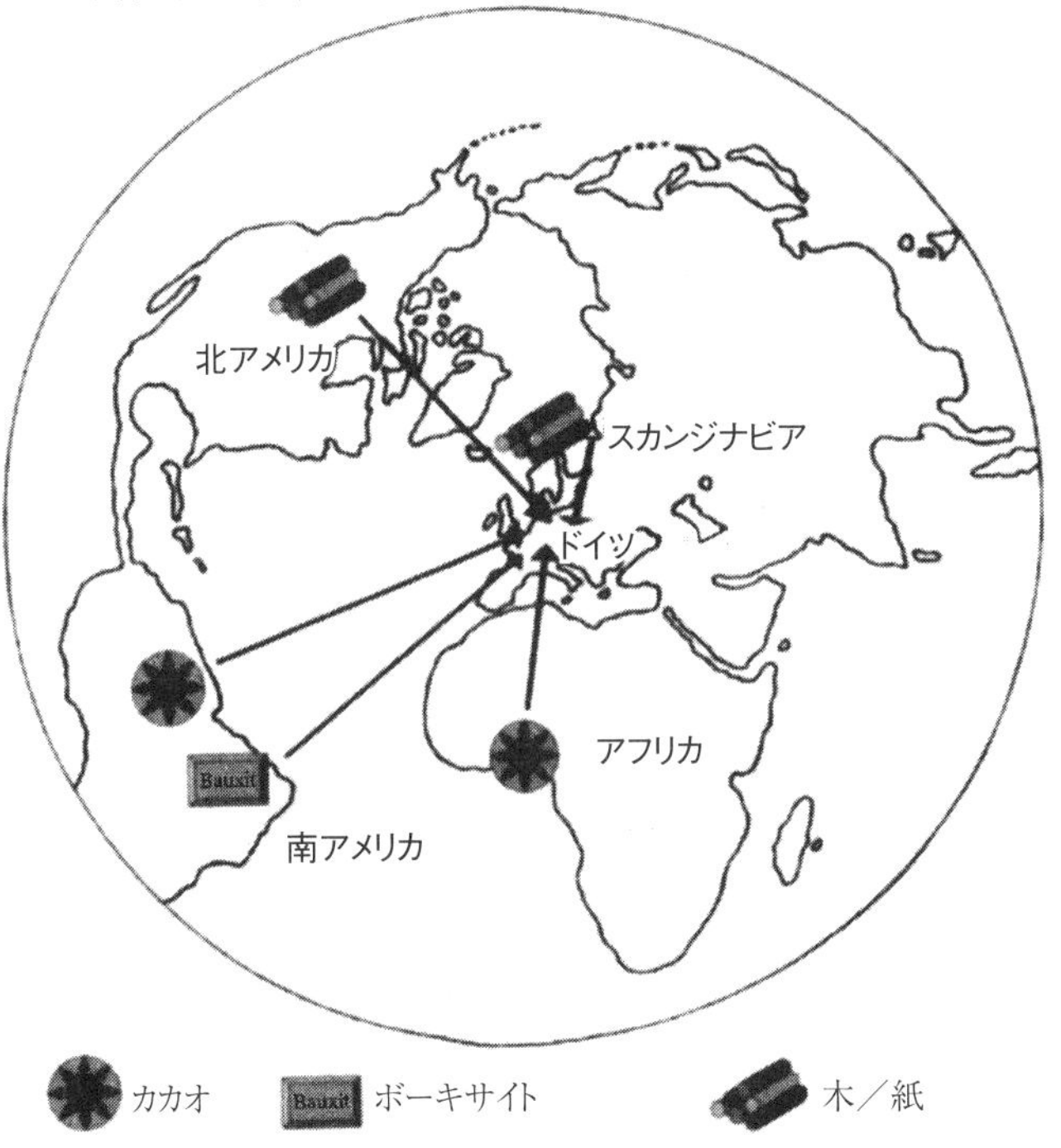

調査：ワークシートの課題一に従って、情報を集めます。次に、ワークシートの課題二はただ事実を集めるだけでなく、生徒たちの独自の意見を作るのにも役立ちます。

作業中は、グループ間で情報交換もさせてください。そして、生徒たちを全員呼び集めて、電報を音読させてください。各日の終わりにはフラッシュなどの手法（訳注：一三〇ページ参照）なども合っています。

成果物：各小グループは、得た知識をワークシートの課題三にしたがって、プロジェクトの最初に組織や形態を取り決めておいた成果物に置き換えます。生徒たちで展示をしたり、「チョコレート新聞」のような記事にして役立ててもよいでしょう。

まとめと発表：各グループは自分たちの成果物を紹介します。最後に、この成果物は前もって決めておいた方法で整理します。たとえば、それぞれが展示用に作ったものを黒板に貼ったり、見出しをつけて校舎内で発表するなど。

締めくくり：最後に、フラッシュの手法やダーツボードなどを使って、プロジェクト週間への個人的な意見や感想を述べる機会を生徒たちに与えてください。

経験と成果：このようなプロジェクトの例はたくさんあります。参考文献や連絡先を参照してください。

特別なヒント：よいプロジェクトになるかどうかは、かなりの割合が準備にかかっています。組織的にしっかりしているか、生徒たちにこのテーマへの関心を持たせることができるか。たくさんのグループが同時に自由な作業をするのを一人で面倒みるとなると難しいので、もう一人指導者がいたほうが助けになるでしょう。

第3章
水

水は地球上の生命にとって必要不可欠な前提条件です。大気が今日の様相を呈するずっと以前に、生命は水の中で誕生しました。水は私たちの最も重要な糧です。高等動物の体の六〇~七〇%は水でできています。人間の体の約六〇%が水で、人間の体の器官が水を一〇%失えば大きな支障となり、二〇%ともなれば死を意味します。病気をもたらす微生物や有害物質の混入していない安全な飲み水の不足は、何百万という世界の貧しい人々の命を脅かしています。世界中の伝染病の八〇%が、汚染された水が原因だとされています。

二一世紀を迎えた現在、一〇億人以上が安全な飲み水を手に入れられない状態です。そのため、国連のミレニアム開発目標のひとつに、安全な飲み水と基本的な衛生設備なしで生活せざるを得ない人々の数を、二〇一五年までに半減する、というものが掲げられました。特に、北アフリカや中東で、二一世紀半ばまでに水不足がさらに深刻化することが見込まれています。

人間は、かなり昔から世界観のなかで、水には特異なイメージを持っています。ギリシャの自然探検家や哲学者にとっては、水は四つの基本となる要素のうちのひとつ（アリストテレス）であり、また、すべての体が存在できるための唯一の要素（タレス）でした。水は純粋や浄化のシンボルです。キリスト教社会へ受け入れてもらうための儀式としての洗礼は、水とは切り離せないものです。洗礼の元来の形態では、水の中に潜る（体や頭）ことがキリストの死により罪を許す行為を分け与えてもらうことを表し、水から浮かび上がることがキリストの復活を分け与えてもらうことを示しています。シンボル的・儀式的な洗浄が、他の多くの宗教や文化においても、過去も現在も広まっています。

水は、他の力との相互作用によって、地形を作ります。地球の表面の約七一%を占めるだけでは

ありません。水は岩石を打ち砕き、土壌を浸食し、山脈をまるごと切り崩し平らにし、谷を裂いたり満たしたりします。水は土地に氾濫し、そうして苦境や悲惨さを引き起こし、また土地を滅茶苦茶にしてしまいます。水、この場合は固体になった水によって、氷河期として知られる有史上の時代に、ドイツの地形のかなりの部分が形作られたのです。

河川や湖沼は、動植物のための貴重な生活圏です。特にドイツの多くの川においては、川の調査や保護を行うために、学校が提携していきます。湖や沼、そして海もまた、生態学上、特に重要です。

水はまた、他の力と結びついて、天気や気候を作ります。大気中の蒸気は、地球から出る熱の放射を、妨げられることなく宇宙に排出するのに役立ちます。雨や雪、霧、霜は、広く知られた天気の現象です。

水と専門教科

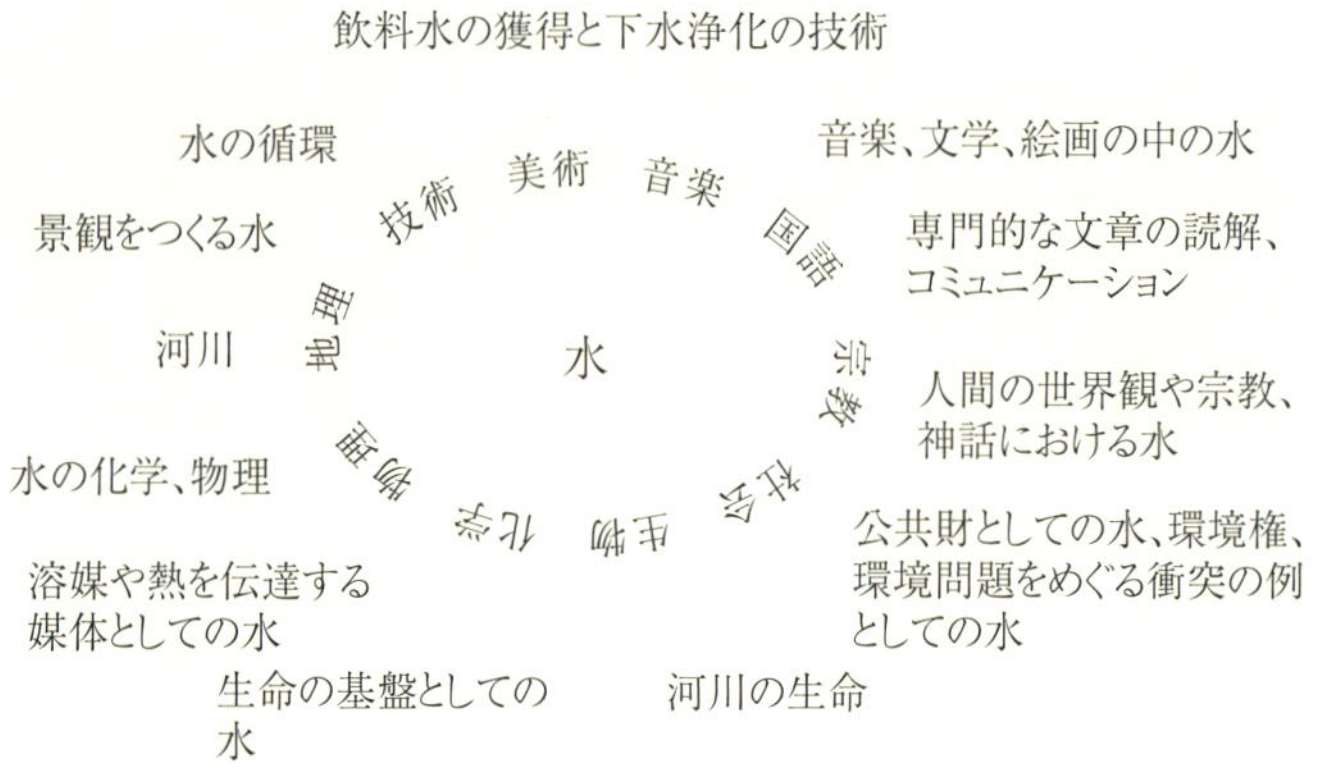

水は生きた遊び道具です。子ども（大人も）は、その中に入り、泳ぎ、ボートに乗ることができます。水の中で遊んだり、水を跳ね返したり、ぶくぶくさせたり、うがいをしたりすることができます。粘土や砂、土と混ぜて、泥んこ遊びをしたり、ぐちゃぐちゃの粘土を垂らして積み上げたり、泥だまりを作ることができます。

水は多様な顔を持つ実用品です。洗濯や皿洗い、冷却剤、熱の伝達、熱の貯蔵の役割をします。水力発電や水車では、太陽熱で動かされる水の循環から、使用できるエネルギーが取り出されます。荷物を輸送するのに、船は水を使います。

水は化学的に非常にユニークな溶剤です。水は、その双極子および非常に小さな分子としての特徴から、また、電離して水素の橋渡しをするという能力から、たくさんの塩や酸、塩基を溶かし、数え切れない化学的な反応を助ける溶媒です。

水の性質と意味から、水は環境教育において独立したテーマとなります。生徒たちと一緒に次のようなことができるでしょう。

■自分たちの学校の水の消費量を調べ、節水して、雨水を活用する
■地元の川や湖を調べ、その保全のために努力する
■グローバルな水の循環に対する気候変動の影響と、飲料水供給について調べる
■自分たちの学校の敷地を、水の自然な循環がなるべく保たれるように作る（「自然をちょっと元に戻す」二二七ページ参照）

これらのテーマのいくつかを、次の単元で扱います。

全部きっちり閉まってる？　～ある学校の水の使用量調査

ねらい　　　　：学校の水の使用量を抑える。環境保護におけるデータ処理を知る。問題を解決する。批判的な視点を持って取り組み、大人に対して考えを表明し、主張する。

対象グループ：七、八年生

専門との関連：職業技術（住まいと暮らし―消費量の把握）や科目を結ぶ水の単元

化学（飲料水、工業用水、下水）

物理（水に特有の高い熱容量の意義）、水の凝集状態（固体・液体・気体）

生物（水の生活圏、河川・湖沼の品質測定）

数学（水の使用量、図表）

地理（水の循環と水問題）

家庭科（家政における水）

準備と実施にかかる労力：Ⅲ

所要時間　　：二、三日のプロジェクト

前提と準備：

この単元には、事務室か学校運営者のところにある水道局（上水と下水）からの領収書が必要です。水道設備のある全ての教室や水道メーターへの立ち入り許可を得る必要があります。主事さんが専門的な相談相手になってくれます。他の教員に、プロジェクトで起こる騒々しさへの理解を求めてください。生徒たちがグループ作業用に椅子を並べかえできるように、作業する教室を動かせるようにする必要があります。

生徒たちには、通常の筆記用具と、方眼紙、計算機が必要です。発表用に大きな紙、ボール紙（古い大きな段ボールなど）、はさみ、のり、絵の具があると便利でしょう。

さらに、測定容器（目盛つきのバケツや、家庭用のプラスティックの計量カップなど）とストップウォッチ機能付きの時計が必要です。電気用品店で五〇ユーロから手に入る精密なデジタル温度計もいります。記録用にカメラがあるとよいでしょう。

前もって、（なるべく生徒たちと一緒に）一週間の間、学校の水道の使用量を測り、ワークシート「水の消費」（一八〇ページ）に測定値を記入してください。また、他の学校の（一人当たりの）水の使用量のデータをインターネットで入手してください。

いろんな種類のたくさんの課題をこなす必要があるので、クラスを複数のグループに分けてください。

ワークシート：水の消費

名前：					
メーターの番号：			メーターの場所：		
計測日	日付	時間	メーターの数値	差	特記事項
月曜朝					
月曜昼					
火曜朝					
火曜昼					
水曜朝					
水曜昼					
木曜朝					
木曜昼					
金曜朝					
金曜昼					
月曜朝					

実施：

雰囲気作りと導入（一時間）：普段学校でなんのために水を使っているか、どれくらいの水を一日あたり使っているかを、生徒たちに考えさせてください。この予測値に、年間の登校日数と生徒および教員の数を掛け合わせます。この結果を立方メートルに換算します。生徒たちの答えを集めて黒板に書き、実際の学校の年間水道使用量と比べてください。誰の答えが実際の値に一番近いですか？　この差はどうやって説明できますか？

では、生徒たちにこのプロジェクトで行う作業の準備をさせてください。

データの把握（約一日）：生徒たちは、調査の対象に二つの視点から近づきます。

ワークシート：水の消費と料金

できるだけ1人で次の課題を解こう。

■私たちの学校ではどれくらいの水を毎月もしくは年間で使っているでしょうか？　なるべく多くの年のデータをグラフにしよう！　どの種類のグラフを使うのが適当か良く考えよう！　時間の流れとともに、水の消費はどう変わっていますか？　なぜその変化がおきたか想像できますか？

■年間の消費量を私たちの学校の生徒と先生の数で割ってみよう。結果はどうなりましたか？　この結果を他の学校の結果と比べてみよう。同じ点と違う点の理由を探してみよう！

■全部でどれくらいのお金を、年間、飲料水と下水に支払っていますか？

■私たちの学校では1週間の間にどれくらいの水を使っていますか？　その数をまたグラフにしよう！　その際、授業のある時とない時の消費量を別の色で書いてください。一週間の水の消費はどのように分布していますか？　水の消費のどれくらいの割合が授業のない時に当てはまりますか？　授業のない時にもなぜ水が使われているのかを、見つけ出してみてください。

一つ目はマクロの視点で、学校全体の水の使用。もう一つはミクロの視点で、個別の使用場所と使用者。少なくとも二つの小グループに適宜分けます。生徒数によっては、さらに小グループを作り、このテーマの作業を完全にできるようにします。生徒たちの関心に合わせて、もしくは好きな子同士でグループに分けてください。

グループでは、データを把握しこれを評価します。必要に応じて各グループを助けてあげてください。

水の使用量と料金：一つのグループでは、既に得られたデータをワークシート「水の消費と料金」（一八一ページ）に従って評価します。

授業時間以外でも水が使われていたら、特に注意が必要です。掃除の担当者やその他の使用（市民講座、スポーツクラブ）に分けることができる場合もあります。納得できる原因が特定できない場合、学校のどこかで水道弁が弛んでいるのではないかと推測する必要があります。

使用場所と使用者：生徒たちは水道弁を点検し、悪い場所はどこか探します。ワークシート「使用場所と使用者」（一八三ページ）にそのヒントがあります。学校の広さに合わせて、この箇所をひとつか複数の小グループに担当させるか、各グループが複数の水道弁を調べるかしてください。

このグループは、評価をするために、次の質問に取り組みます。

■どれくらいの量の水が壊れた水道弁から無駄に流れていますか？（一日あたりのリットル数と年間の立方メートルで計算）

■高い値を記録した流れっぱなしの水道弁の上位一〇（最近の蛇口なら六〜一〇ℓ／分で、それ以上放出することはなく、その場合、水道管から流れる水は「いっぱい」と感じるはずです）。

■トイレの水を一回流すごとに使う水の計算。（五〜六リットルなら節約型、八〜一〇リットルは普通、一〇リットル以上は多すぎ。流水ストップ機能はありますか？）

■衛生設備では、どんな変更をしてほしいですか？

■どこで、また、どんな実践的な対策で節水できるでしょうか？

評価（一〜二時間）：生徒一同を集め、各グループにこれまでに得られた情報を発表させてください。批判するべき点を全て黒板に書いてください。

続いて、どんな実践的な対策でこの問題が解決できるか、誰が相談相手になるかを、みんなで考

ワークシート：使用場所と使用者

学校の全ての水道弁を調べよう！　また、蛇口、シャワー、トイレ（あれば消火栓）も調べます。野外や体育館の水道弁も忘れずに！

■壊れている水道弁、つまり、水が滴っているもしくはまったく機能しないもの（どの教室か、どんな種類の水道弁か、何が問題か）を全てメモしよう。水が滴っている場合、どれくらいの水が失われているかを測定しよう！、水を測定容器にため、時間をはかり（例えば5分）、水の量と時間を書きとめよう。

■いくつかの水道弁の流量を計算しよう！　蛇口をめいっぱいひねり、短時間測定容器を下に置きます。この時間をはかります。その時間と容器に落ちた水の量を記録しよう。

■どれくらいの水がトイレで水を流す間に使われるかを調べてみよう！　トイレのタンクにたどり着いたら、タンクの長さと幅と水の高さを測ります。様々な種類のタンクを見つけたら、この作業を繰り返してください。

■温水のある場所では、この水温を計ろう。その際、すぐに温水が流れるか、最初に冷たい水がある程度流れるかを詳しく観察しよう。その結果を書きとめよう。

■どこか特定の場所でたくさんの水が使用されているかどうか、誰がこの水を使用しているかをよく考えよう。この理由を考えてみよう！

■学校の衛生設備に対する自分自身の意見を作ろう。これは結局自分たち自身のためにある！

ちょっと待った！　すぐに行かないで！　まず、自分たちが見つけたものを記入できるように、表を準備しよう！　表は記入するのに十分な大きさにしよう。

そうしたら、このワークシートと自分たちの表、測定容器、定規、ストップウォッチ機能付きの時計もしくは秒針つきの時計を用意しよう。

では、用意ドン！　戻ってきたら、自分たちが見つけた悪いところを全てわかりやすく記入しよう。

水〜問題と解決法（例）

問題	解決法の案	担当者
授業時間外での水の消費がめだつ	a)水道栓がゆるんだ蛇口を探し、修理する	主事さん
	b)学校外部の使用者に節水行動を呼びかける	外部使用者（特にスポーツクラブ）
水道の蛇口の水量が多すぎる	a)できれば節水コマを取り付けるか、元栓をやや閉める	主事さんと生徒
	b)水道栓を新しくする	教育委員会
トイレの流す水量が多い	ストップボタンを取り付けて、大小のレバーをステッカーでわかりやすく表示する	主事さんと生徒

えてください（上表参照）。

発表（一〜一日半）：さて、批判や提案が対象グループに合わせてまとまりました（「エーミールってかっこい い！」一三七ページも参照）。生徒は次のようなことができるでしょう。

■指名手配書を書き、校舎内に掲示し、生徒や先生みんなに学校や家庭で水を節約して使うように具体的に提案をして呼びかける。

■批判や提案をわかりやすく書き留め、校長先生や主事さんと話し合う。

■学校運営者あてに批判と提案を手紙にして書く。

ここでは、生徒たちが正しい理由付けや論調を見つけられるように手伝ってください。校長先生や学校運営者に対しては、節約できるコストも必ず合わせて説明するようにしてください。残念なことに、自分たちや自分たちが引き起こす状況について子どもから批判を受けると、大人はそれを面倒な問題として捉える傾向がありま

水の消費　シュヴェアテ総合学校

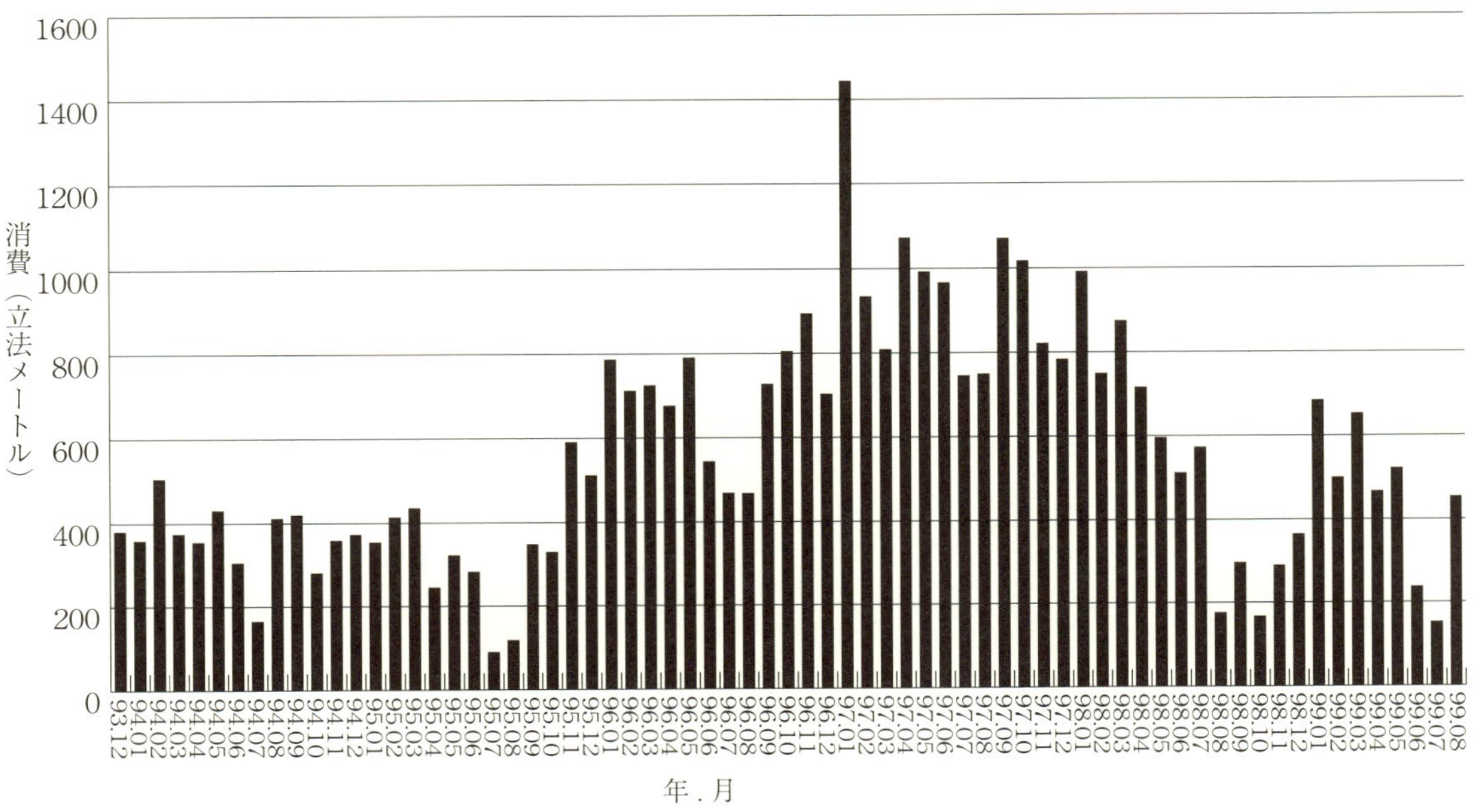

す。そのため、生徒たちの正当な批判に対して大人が不公正に反応したら、生徒たちを助けてください。

大人数のクラスで実施する場合、発表のためにもっと具体的に状況をいくつか示してもよいでしょう。

■一人当たりの水道使用量：一九九六年の旧西ドイツでの家庭での水の使用は、一人当たり一日一四五リットルでしたが、最近でも一三〇リットルあります。それをＡ４の紙を底辺とした水の柱を作るとしたら、どれくらいの高さになるでしょうか？　これをボール紙の模型で説明します。

■学校の飲料水の使用：私たちの学校では年間何立方メートルの水を使用しているでしょうか？　この水は理論上私たちの教室に収まるでしょうか？　そうでないとしたら、他のもっと大きな部屋を例に挙げてください。ボール紙で部屋の縮尺に合わせた模型を建てます。上と縦の面を一箇所開けたままにします。使用している水の量がどれくらいの高さになるかを、例えば壁面を青く塗ったり、透明なフィルムを張ったりして、教室にいながら明確にすることができるでしょう。

■水道弁から滴る水の消費の無駄：学校で緩んだ水道弁が見つかったら、一日あたり、一週間当たり、年間あたりの水の無駄を計算し、ボール紙の模型で実物の量を目に見えるようにするとよいでしょう。ここには、必ず飲料水および下水の料金も書きとめる必要があるでしょう。

■節水型の行動ではない水の消費：生徒たちはあちこちの蛇口の水の流量を調べました。もしそれらの蛇口で誰かが五分間歯を磨いている間に水を流しっぱなしにしたら、どれくらいの量の水が無駄に流れることになるでしょうか？

きっと、調査の間に、他にも具体的な状況が目についたことでしょう。

経験と成果：ここで紹介したような簡単な方法でも、生徒たちは学校における水の供給の悪いところを効果的に見つけることができます。

特別なヒント：どの水道メーターがどの建物（の部分）の分なのかに、必ず気をつけてください。校舎がたくさんの人が使う大きな複合施設の場合、学校での使用と他の使用者の分との区別をするのは難しいでしょう。

水のある生活、ない生活～グローバルな視点を得る

ねらい：人間の生活のための水という資源の意味を知る。プロジェクトにおいて学習のプロセスに対しての自分の責任を引き受ける。自分で創作する喜びを見つける。全体的な知覚を鍛える。

対象グループ：九、一〇年生

専門との関連：地理（地球の水管理、人間の干渉、使用、周辺の汚染と保護―社会科見学―プロジェクト、土地利用における経済とエコロジーの衝突）

化学

生物（生態学―生態系への人間の影響）

物理（選択必修：化学反応・エネルギー転換の基礎としての水、生きるのに必要な元素としての水）

作るものによっては、国語、美術、音楽、劇

準備と実施にかかる労力：Ⅲ

所要時間：三日のプロジェクト

前提と準備：

この計画はプロジェクト形式で行います。生徒たち自身が、どんな目標を達成するか、どうやって学習したいかを、自分たちで決めます。プロジェクト週間の準備として、できれば生徒たちと一緒に、三つの段階を実現する必要があります。

プロジェクトの主導：水は世界中の（ほぼ）至るところに見られます。それにもかかわらず、水は（特に飲める水は）限られた資源です。水はあとどれくらい残っていますか？　地球上のあちこちの人間にとって、水（もしくは水不足）はどんな意味があるでしょう？　これを大枠のテーマとして表現したら、どのような実際の問題や視点がクラスのみんなの中心にあるかを、生徒たちとよく考えましょう。

ブレーンストーミングでアイディアを募ってください。アイディアを出すよう生徒たちに呼びかけてください。二人の書記がこれをA２の紙にキーワードで書き、黒板に貼ります。すごく変だと思えるものでもいいので、できるだけたくさんのアイディアを集めてください。もっとアイディアを出せるよう生徒たちを応援してください。この段階では批判や議論は避けるように気をつけてください。

続いて、生徒たちはアイディアの紙を分類し、ほとんどの子が面白いと思うアイディアを選んでください。

プロジェクトの概要：では、このプロジェクトの内容と組織の具体的な内容の輪郭を作りましょう。たとえば、各グループがひとつの大陸に取り組むと決めるなど。また、どんなものが作りたいのか、展示なのか劇なのかも決めます。

プロジェクトの計画：プロジェクト週間の流れや時間配分、小グループの具体的な作業内容を作ります。必要な材料を手に入れ、教室をひとつかふたつ確保してください。生徒たちは小グループに分かれ、情報源となる素材を集めます（教科書、専門書、新聞記事、文芸書、音楽、ビデオ）。

実施：

プロジェクトの日は、生徒たちは地球上の〝自分の担当地域〟での水についての情報を集めて、目を通して整理し、この情報をひとつの成果物にまとめます。プロジェクト週間の終わりにこの成果物をみんなの前で発表できるかどうかは、選んだ形態によりますし（劇には展示よりももっと時間や作業がかかります）、プロジェクトの日程や生徒たちの作業のテンポにもよります。

このようなこれから作るプロジェクトのために詳しい作業進行をあらかじめ決めておくのは意味もありませんし、不可能です。そのため、基本的な考えだけをいくつか書いておきます。

次のような進行が考えられます。

初日：自分の担当する大陸もしくは、その大陸の中で選んだある国やある地域の水のイメージを作ります。自然の水の供給、人間による水の使用（例、工業や農業、家庭における水の使用量の配分など）、飲料水の技術的・衛生的なレベル、場合によっては水を巡る衝突や、人間による水資源の特別な汚染などが一例です。個人的にはこの情報のうちのどれに特に心を動かされたか、どれにこの後の段階でも取り組みたいかを話し合います。

二日目：グループは、形にする実際のアイディアを発展させ、これをクラスのみんなの前で発表します。各グループから「筋道」がどう伸びているかをチェックします。こうして、成果物を作りはじめます。例えば、展示用に文章やイラストを書いたり、劇の台本を作り、衣装や舞台装置、音楽、特殊効果を考えたりなどが考えられます。

三日目：案を掘り下げ、完成させます。

展示に取り組む場合、プロジェクトの最終日には（あらまし）仕上げるべきでしょう。逆に、劇の場合はまだ上演できるような状況ではないでしょう。したがって、どうやってこの後を進めるか、組織的な話を取り決める必要があります。誰が何の責任者になりますか？　いつ、どういった枠組みでその成果物を発表すればよいでしょうか？

プロジェクト週間の間、生徒たちは決まった小グループで長時間作業することになります。しかし、グループ同士で情報交換やアドバイスをするよう、また、生徒たちが作業プロセスを反映できるよう、まとめてください。プロジェクトの期間中は一日の始めをクラス全員で行い、三〇分の間は前日のまとめと今日の課題について話すようにし、場合によっては組織的な方向性を前もって定めるようにしてください。一日の終わりも、グループが各作業状態を集まって発表できるよう、生徒全員で終えてください。

教室に雰囲気のバロメーターを設置してください。大きな紙（例、フリップチャートなど）に、各プロジェクトの一日の欄を設けてください。一日の終わりに、各生徒たちがスマイルマークなどで自分の気分を表現できるようにします。

経験と成果：自分たちで作る創造的で魅力的なプロジェクトは、生徒たちにとても楽しみを与え、思いもよらないほど熱心にさせます。

特別なヒント：中身は生徒たちになるべく自由に作業させ、あなた自身は学習プロセスに必要な条件を整えるのに専念してください。

第４章
自然とその保護

今日、他の工業国と同様ドイツでは、私たちはほぼ人間によって形づくられた環境の中に暮らしています。手付かずの自然は、たどり着けないような極地や、わずかばかりの保護区域に見られるだけです。

もともと大部分が森林に覆われていた私たちの故郷では、人間の手によって数百年以上かけて、庭園や牧場、畑、生け垣など、新しく多様な生活圏を持つ文化的景観が登場しました。そこに生息する種の多様性もこのことにより拡大しました。

しかし、そうこうするうちに人間の活動は、逆の影響を及ぼすようになりました。文化的景観は一掃され、当時の自然の多様な内部構造は、特徴のない単一的なものになりました。例としては、大規模なモノカルチャー的な景観づくりや森づくり、川の流れをまっすぐに整備した水利管理などがあげられます。新しい交通路を作るだの、市街地を周辺区域にまで広げるだのと言っては、人間が自然の生活圏を切り刻みます。ドイツの国土は、三五万七〇九三平方キロメートルの面積です（海洋領域を除く）。そのうちの四万六〇五〇平方キロメートル、つまり国土の一二・九パーセントが、二〇〇五年の時点で、宅地か道路になっています。二〇〇二年から二〇〇五年の間には、ドイツ全体で合計一六七〇平方キロメートルの土地が宅地や道路のために「消費」されました。これは、一日あたり一一四ヘクタールにあたります（独連邦統計局、二〇〇六年）。

種の多様性は減少しています。これは、人間が生息地を破壊したり、栄養源を死滅させたり、殺虫剤の使用などで直接せめ立てたりすることによるものです。気候変動がさらに多くの種を追いつめている一方で、たとえば原生林の皆伐が、温室効果を高めています。危機に瀕し、絶滅しかけている

種の多くは、私たちが知りもしない動植物ですが、マグロやモトアカウオ、タイセイヨウダラなどの魚は、多くの人にとって栄養源や基本的な収入源となっており、絶滅すればひどく困ることになるでしょう。

このプロセスは危険なものです。種の絶滅は取り消すことができません。さらに、危険なのはその速度です。自然もまた人類の発生以前に種を選択し、別の種を新しく発生させました。ただ、自然はそのために数千年、数百万年という時間を要したのです。土壌もまた、生きたシステムとして新たに再構築されますが、その速度は遅く、人間によって引き起こされた土壌の悪化までは取り戻せません。

ですから、自然保護は、ロマンティックな幻想で自然に憧れる人たちや自然回帰的なイデオローグなど、一部の少数派にとってだけ重要な問題ではないのです。この地球上の生物多様性は、私たち人間の生活にとっても、基盤となっています。この生物多様性を守ることは、気候保全や貧困の少なくとも最悪の状態を乗り越えることと同様、二一世紀初頭の中心的課題のひとつです。

このことから、今日の自然保護とは次のことを差します。

■人間から大きな影響を受けながらもかろうじて残っている自然の生活圏の多様性と規模を保持する。宅地や道路のための新たな土地利用をやめる。小さな文化的景観を整備するか、作り直す。例えば、エコロジカルな農業、自然の状態に近い森づくり、生け垣作り、河川の再自然化など。わずかに残された自然の生活圏を守る。海洋にも保護区域を作る。

■動植物の多様性を保持する。ここには、生息地の保護や、直接的な迫害の根絶も含む。個別の種の存続のための人的介入による環境作り、例えば巣箱の設置などは、あくまで応急措置に過ぎない。

■個別の動植物に敬意を持って接する。動植物の使用をやめろということではなく、家畜に適した方法での飼育を行う。

■これらの原則的な要求が、直接自分たちの地元だけでなく、グローバルな規模でも適用されるよう配慮する。そのためには、地球上で皆伐を助長している構造を打ち破ることがまず必要。しかしその一方で、グローバル化した世界において、政治的決定だけを待つ必要はない。真っ白な紙やパルプ製のティッシュを買うことで残された原生林の皆伐に投資するのか、原生林を伐採して開墾した土地で栽培された大豆を飼料とする安い肉を毎日食べるのか、それとも、お金の力を他のかたちで使うのかは、私たち消費者自身の手の内にかかっている。

このような自然保護は、「自然」もしくは生物へ固有の価値をあてがうような倫理的態度により、もたらされます。また、経済の基盤や人間の文化的なアイデンティティーとして人間には「自然」が必要なんだという、「エゴ」から自然保護に取り組むこともあるでしょう。そして、この両極の間には、様々な立場の人がいます。

環境教育の一環としては、生徒たちは自然を発見し、知り、慈しむことを学ぶことができます。あなた自身が尊重することを省みて、社会が自然とどのような関係にあるのかに取り組んでもよいでしょう。校舎を緑化したり、生息地を整備したり、動物のための一時的な生息地を用意したりなど、自然保護への第一歩を企画してもよいでしょう。ここでの単元のポイントは、他の章同様、積極的な作業です。

参考：

ＩＵＣＮ日本委員会

http://www.iucn.jp/protection/species/redlist.html

これは一つのドキュメンタリードラマです。ＩＵＣＮが世界の一万一千種の絶滅に瀕する動植物をレッドリストとしてまとめました。これらは、ごくごくわずかの氷山の一角であって、多くの種は発見される前にもう絶滅してしまうのです。

足跡を探せ～発見ゲーム

ねらい　　　：学校の周囲の環境を発見する。知覚能力を鍛える。
対象グループ：五、六年生
専門との関連：美術
準備と実施にかかる労力：I
所要時間　　：二時間

前提と準備：

この単元には、デジタルカメラ（なるべくたくさん）とパソコンとプリンター、印刷代が必要です。

実施：

足跡の確定とクイズの準備（一時間）：様々な多様性が学校の敷地内にも見られます。木でも、古

い木から新しい木、まっすぐな木、節だらけの木、色んな葉っぱ。茂みでも、花が咲いていたりいなかったり、実がなっていたりいなかったり。虫の巣があったり、虫自体がいなかったり。土壌の素材や表面が土だったり、石だったり、コンクリートだったり。校舎や付属施設が漆喰だったり、レンガだったり、石板だったり、色んな形のドアや窓が付いていたり。自転車置き場、ごみバケツ、配電盤の小屋。

生徒たちは小グループ（カメラ一台につき一グループ）でこれらのもののいくつかを好きに探しだし、写真を撮ります。魅力的な写真が撮れるよう、事前にカメラの扱い方の手ほどきをする必要があります。

各グループはたくさんのものを探し出します（少なくとも一人につき一つ）。各対象物につき、三、四枚の写真を違った距離から撮ります。その際生徒たちは、何があって、どこで見つかるかを記録します。

次に、写真をパソコンにコピーし、印刷します。

足跡を見分ける（一時間）：それぞれの足跡はなん

でしょう？　それらはどこで撮られたでしょうか？　この二つの質問に答えましょう。

次に、写真（それぞれの対象物の一番良いもの）を机の上に置き、番号を振ります。生徒たちはそれぞれ手に紙と鉛筆を持って机の周りを進み、足跡を分類するようにします。各自が自分の答えを書き留めます。

答え合わせは、順番に写真を見てゆき、写真を撮った子どもが答えを明かします。

まだ時間が余ったら、それぞれの対象物ごとに色んな写真を見比べてもよいでしょう。どの写真（視点、距離）が見分けやすく、どの写真が見分けにくいでしょうか？

経験と成果：人間は、自分に馴染みのある周囲のものを知っていると思いがちです。しかし、見落としていることがあります。大人たちにも足跡をあてさせると、生徒たちは特に面白がります。

特別なヒント：この作業の成果を活用して、クラスの生徒たちと全校に向けたクイズを作ってください。次回のプロジェクト週間や公開授業の日に、他の生徒たちや先生、保護者にも足跡を探してもらうことができます。そのためには適宜別に時間をとる必要があることに気をつけてください。一～二時間もあれば生徒たちと写真を選んだり、丈夫なボール紙に貼り付けたりできるでしょう。簡単なアンケートを作ってコピーしてもよいでしょう。校舎の見取り図もヒントとして出すべきです。場合によっては、いくつか小さな賞を用意する必要もあります。

参考文献と連絡先：

自然や環境での発見や体験について多くのヒントが得られます。

『ネイチャーゲーム〈1〉(改訂増補版)』ジョセフ・B・コーネル（著）、日本ネイチャーゲーム協会、柏書房、二〇〇〇年

足もとの大地～土を体験する

ねらい　　：住宅地での地面の使用に対する感覚を得る。独自の要求に気づき、言葉で表現する。
対象グループ：五、六年生
専門との関連：哲学（社会的な責任の分野としての自然との関係）
生物（土壌の生活圏）
地理（各州の住宅地網）
準備と実施にかかる労力：I
所要時間　：二時間（暖かい季節）

前提と準備：

まず、この単元をどの土地で実施するかを決めます。校庭や校舎の周りかもしれません。生徒たちそれぞれにその土地の見取り図のコピーが必要です。事前に調達します（事務員や学校運営者）。見

ワークシート：地面

アスファルト、芝生、切石、どろんこ道。わたしたちがいつも歩いている地面や、学校のまわりの地面はいろんな風に作られているでしょう。学校の回りにはどんな地面があるでしょうか？　一度、ゆーっくりと、慎重に、裸足でその上を歩いてごらんなさい。どんな気持ちですか？　あなたが見つけたそれぞれの地面について、少なくとも3つの特徴を書こう。休憩時間にその場所にいった場合は、そこでなにをしたかも書こう。	
芝生（短く刈られている）	
原っぱ（長い草、ハーブ、花）	
植物の植えられた土（花壇、茂み）	
植物で覆われていない土や砂	
砂利（まばらに撒かれている）	
アスファルト、コンクリート、平たい切石	
石畳	
それ以外	
地面を素材別に図面に色分けして書こう。どの色が多いですか？　どれが少ないですか？	
どの地面がもっとあるといいですか？　なぜですか？　休み時間に校庭でなにがしたいですか？　そのためには何が変わらないといけないですか？　動物や植物がもっと生きられるようにするには、校庭の何を変える必要があるでしょうか？	

取り図の縮尺が忠実である必要はありません。生徒たちが自分の位置がわかればかまいません。

実施：

調査（一時間）：ワークシートと校舎の見取り図を配り、クラスのみんなに課題を説明してください。この調査の結果を集めます。生徒たちがそれぞれの地面で感じ取った特徴を全て集めます。

反省（一時間）：自分たちが見つけたものやイメージを生徒たちが集めます。どんな地面に出会いましたか？　どこで何がよくできるでしょうか？　どんな風に変えたいですか？　みんなで答えを尋ねたり、生徒たちが意見を交換できるように小グループを作ってもよいでしょう。

調べた敷地をさまざまな視点で描写してもよいでしょう。そのために、例えばミミズやツグミ、チョウチョや猫など、様々な役割に分けてください。五分から一〇分時間を取り、その視界でそのものの身になって考えます。そうしたら、考えた描写と想像を発表します。これはそれぞれの立場の個人的な意見なので、評価したり議論をしたりはしません。

最後に、生徒たちの希望のトップテンを作ります。どれが現実的でどれが非現実的かを話し合い、現実的な考えをどうやって実行に移せるかをよく考えてください。

経験と成果：残念なことに、休み時間に生徒たちが最低限遊べるようにだけ作られた校庭がまだまだたくさんあるようです。校庭を人間や動植物の生活圏に変えるには、多くのステップが必要です。生徒たちが存在するものに気づいて意見を表現できれば、これが第一のステップかもしれません。

特別なヒント：生徒たちの発言を次の作業のための素材として残しておくために、生徒の意見などを書き留めておいてください。

参考文献と連絡先：

『ネイチャーゲーム〈1〉（改訂増補版）』ジョセフ・B・コーネル（著）、日本ネイチャーゲーム協会、柏書房、二〇〇〇年

ぶーん、ぶんぶん～虫のための住みかを作る

ねらい　　：三大昆虫グループのひとつとしての膜翅《まくし》（ハチ、アリ）目とその生存条件を知る。人間がいかに生存条件を切り裂いているかを知り、それを回避する小さな一歩を得る。
対象グループ：五、六年生
専門との関連：生物（無脊椎動物―虫）
　　　　　　哲学（社会的な責任の分野としての自然との関係―動物との生活、種の保全）
準備と実施にかかる労力：Ⅱ
所要時間　：四時間～三日のプロジェクト（実施方法による）

前提と準備：

この単元では、どんな種類の巣穴に住む虫がいるか、どこに巣穴があるか、あらかじめ学校の周りを見て探すことが前提です。種を特定するよりも生息場所を探すほうが、ここでは大切です。

虫の住みかを作るのには、それぞれの実施方法に従って、次の素材を使います。板（粗く切ったもの、加工していないもの、二～三センチの厚さ。例、家具屋さんや製材所の廃材）、硬い木を数本（例、公園施設の果樹の丸太）、中が空洞の茎（藁、アシ、ニワトコの枝）、粘土、水、こけら板。場合によっては、木の構造のためにコンクリートや基礎がさらに必要になります。

設置するために、釘（五〇～七〇ミリ）、ねじ、留め金、針金、穴の開いた金属の止め具を使います。

工具では、のこぎり（片手引きなど）、金槌、きりか電動ドリル、ペンチ、折り尺、スコップ、はしごが必要です。

実施：

導入（一時間）：この単元は野外で始めます。生徒たちと一緒にミツバチやスズメバチ、マルハナバチなどの膜翅目の生息場所を探してください。これらは、たとえば壁の裂け目や木の切り株、他の穴の開いた場所に見つかります。子どもたちは、たくさんの生き物が学校の周りで見つかることに驚くでしょう。この動物がどんなもので巣を作っているか観察してください。見つけた生き物の様々な種類の巣をリストアップするか、スケッチしたり写真におさめてください。

膜翅目は、化学物質の使用などを別にして、巣作りの場所を失うことで、危機にさらされています。人間が木を倒したり、公園や庭から廃木を運び出したり、建物の外壁を改築することで、この虫が〝祖先から受け継いだ〟巣がなくなってしまいます。このような行為に意味があるかないかを話し合って、どのようにしたらこの巣を保つことができるかをよく考えてみてください。何のために人間はこの動物を守ろうとするのか、どのような動機があるかも話し合ってください。

虫のために特別に建てた巣が有益な応急措置であることを、生徒たちに伝えてください。この巣は、祖先から受け継いだ巣を失った代償にはなりませんが、減らしてしまうことはありません。

外にいる間に、膜翅目の巣をどこに取り付ければよいか、よく考えてください。日当たりがよく、いたずらで壊されないような安全な場所が適しています。小さな巣であれば、校舎の安全な高さの外壁に設置するのがよいでしょう。また、校庭に、虫御殿が建てられるような、静かな場所が見つかるかもしれません。虫御殿は、次のような色々な種類の巣をしっかりとした枠に集め、土の上に建てます。

製作（規模によって一～三時間）：教員の助けを借りて様々な虫の巣を設計します。その際生徒たちは、野外にある巣を見てわかった外的な条件を真似する必要があります。

■塀の隙間は、穴の開いたレンガでまねることができます。他には、しっかりとした木の枠を建て（A４の大きさくらい、高さ一〇センチ）、その枠の中に細い枝で比較的網目をしっかりと編んで、これに（野外で）粘土を投げつけます。粘土が適切な硬さ（ソース状ではなく粥状）なら、この編んだ装置の上にしっかりくっついたまま離れず、乾いてくるうちに裂け目ができ、そこに虫が隠れ家を作れるようになります。粘土に繊維素材として少し藁を混ぜれば、なおよいでしょう。

■木に住む膜翅目は、硬い木に穴を開けます。果樹の丸太を調達できたとしたら、生徒たちが扱いやすい大きさにのこぎりで切り、直径一～一〇ミリの穴をたくさん開けます。木の見た目は虫にとってはどうでもよく、どこにどうやってこの巣を設置したいかによって形を決めればよいのです。

■木の枠を作って（例、Ａ４サイズ、高さ一五～二〇センチ）、そこに葦やニワトコの枝など中が空洞の茎を断面が外側に向くように置いて、穴を作ることもできます。この茎や木は、隙間ができないようぎっしりとおいて、（針金などで）落ちないように固定しなければなりません。

■群で生活する種、たとえばモンスズメバチなどには、もっと大きな穴が必要です。しかし、安全上の問題から、校舎から離れたところにしか取り付けるべきではありません。人間の軽率な行動（パニックやいたずら）と比べたら、この虫の危険性などたいしたことはありません。
また、見た目を調整する必要があります。

■外壁に巣を取り付ける場合、表面がＡ４サイズを越えない小さな巣をたくさん作るのが適しています。この巣には、丈夫なフックと雨よけの屋根が必要です。（大きすぎると巣は重くなりすぎて、吊る際に安全性で問題になるかもしれません）。

■虫御殿（二一一ページ参照）を作りたい場合、丈夫な枠を設計するのに、数人の（場合によっては年上の）生徒が面倒を見る必要があります。この枠は、たとえば高さ二メートル、幅一メートル、高さ二〇センチなどがよいでしょう。枠にはたくさんの仕切りをつけます。仕切りのサイズは、前もって一様に決めておくべきです（例、内側のサイズがそれぞれ二〇×三〇センチ）。このような大きな建築物を作る場合、じょうぶな構造を作ることとしっかりと土に固定することに気をつけます。屋根はこけら板で葺くとよいでしょう。他の生徒たちは、仕切りをどんな素材で覆えばよいかを担当し、これまでに出てきた個々の家と同じ構造をそのまま使用します。

建築と設置（二時間から二日のプロジェクト）：小さな巣なら色々な種類のものが一〜二時間で作れます。小グループで作業させてください。大きな虫御殿を作るには二日を見込んで、主事さんに助けてもらうことを考えるべきでしょう。

締めくくり：夏の間の数週間が過ぎたら、生徒たちと一緒に何が住んでいるかを観察するとよいでしょう。

経験と成果：都市だろうが田舎だろうが、膜翅目の巣を作れば、かなりの確率で虫が住みつきます。残念なことに、一番の危険性は、人間が故意に壊すことです。

特別なヒント：虫のためにも生徒たちのためにも、化学的な木の保護剤を使用してはいけません。しっかりした構造、特に十分な屋根で覆われていて雨から守られれば、木は保護剤なしでも長い間持ちこたえます。また、消耗というのはある種ごく自然なことで、虫の種の多くは木の繊維をかじり取り、巣を作る材料に使ったりするのです。

大きな虫御殿を作る場合、木の部分が地面に触れないようにする必要があります。そのために、（幅の狭い）コンクリートの基礎を作り、そこにホームセンターで扱っている、めっきをした鋼板でできた特別な固定する道具を入れます。この基礎の上に木の構造をネジで留めます。

鳥を飼ってるのは誰？　～巣箱を作る

ねらい　　：地元の鳥を知り、守る。チームでひとつの問題を解く。複数の解決法をくらべ、評価する。
対象グループ：七、八年生
専門との関連：技術（実用品を作る）
生物（人間と動物の関係―生殖―食糧の獲得）
場合によっては、五、六年生の生物（脊椎動物―鳥）
準備と実施にかかる労力：Ⅱ
所要時間　：八～一〇時間もしくは二日間のプロジェクト

前提と準備：

動物の多くは、人間によって作られた風土で、住む場所を満足に見つけられないで苦しんでいます。ここで紹介した巣箱によって、木の穴や岩のくぼみに巣を作る鳥や、アオガラ、シジュウカラ、ヒガラ、ハシブトガラ、カンムリガラが助かります。また、スズメ、イエスズメ、ゴジュウカラ、シロビタイジョウビタキも巣箱を受け入れます。

必要な素材は、粗く切った加工していない木（例、家具屋さんや製材所の廃材）です。ホームセンターにあるかんなをかけた板は高価で、あまり向いていません。使用する板は、一律の厚さ（例、二・五センチ）である必要があります。一律でないと組み立てるのが難しくなるからです。また、釘（五〇～七〇ミリ）や、吊り下げるタイプによっては、留め金、針金、穴の開いた金属の止め具が必要です。工具としては、のこぎり（例、片手引き）や金づち、ペンチ、やすり、三角定規を使います。巣箱の穴を切るには、糸鋸やホールソー（訳注：円形に切り抜く電動のこぎり）機能の付いた電動ドリルが役に立ちます。

巣箱を吊り下げるのに、はしごが一つか二つ必要です。

また、筆記用具や絵の道具、ワークシート「巣箱づくり」（二一五ページ）と「巣箱の具体的な型」（二一七ページ）の表のコピーが必要です。

実施：

導入（半時間）：まず雰囲気づくりのために、巣箱で助けられる鳥の種類を紹介します。クラスの生徒たちを連れて外の自然へ行くのもよいですし、手に入る教材を使ってもよいでしょう。

次に、生徒たちを好きな子同士で小グループ（三～四人）に分けてください。

設計（一時間半）：それぞれのグループで図面を作り、組み立て作業の流れを計画します。次にワークシートと図を配ります。この段階では、巣箱は技術的な組み立てへの挑戦のように思われます。

巣箱づくり（二〜三時間）：巣箱を図面に従って作ります。

ヒント

■木の構造によっては、打つときに釘が横にずれてしまうかもしれません。これを防ぐために、釘の半分くらいの長さの穴をあらかじめ開けておくとよいでしょう。

■ホールソーの取り扱いには注意します。穴を開けるのに、工具をしっかりと机にはさんで固定します。その際、机を保護するために、古い板を下に敷きます。ホールソーを扱うには、ある程度力が必要です。長い髪の毛や服の裾などは、回転するのこぎりの歯から遠ざけるようにしてください。

作業の間は、それ以外の労働者の保護規定（訳注：法で定められた一般的な安全対策）にももちろん注意してください。

ディスカッション：続いて、グループ同士で色々な巣箱を見せ合って、技術的な工夫を紹介し合う機会を与えてください。

ワークシート「巣箱づくり」

ここにある材料でどうやって巣箱が作れるか計画を立ててみよう！　巣箱には次のような特徴が必要です。

■必要な空間は約12×12×24センチ（これは内側の広さ！　外側の大きさは板の厚さによって決まります！）

■巣箱の表面の上方3分の1に、30～34ミリの出入り口の穴がくるように。巣箱を小さな種類の鳥（アオガラ、ヒガラ、カンムリガラ、ハシブトガラ）専用にするのなら、この穴は26ミリの直径にします。

■雨水から確実に守る：巣箱の屋根は傾け、屋根の張り出しの長さを十分に取り、板と板との繋ぎ目をなるべく風雨のあたる面にせず（つまり、繋ぎ面のない背板を風雨にあたる面にする）、木目の方向に沿って水が流れ落ちるようにする。

■隙間風から守る：それぞれの板のパーツを正確に切って、隙間をなくすようにする。

■人間だけが開けられる掃除用の扉（※ここでは1～2ミリの隙間を開けるようにし、木が湿って膨張しても開くようにします！）

■しっかりと丈夫に吊るす（※こでは木の上なのか、建物の壁なのか、巣箱をどのように吊るすべきかを考えよう！）

■シンプルな設計：パーツはなるべく少なく、角度90度にならない角がなるべくできないように。

技術的な設計図を書こう！

実物大の大きさですべての板の型紙を書こう！　それぞれのパーツが思った通りになっているかどうか厳しくチェックしよう！

どんな道具や材料が必要かメモしよう！

取り付け（一〜二時間）：雛がかえる季節、つまり遅くても三月までには、巣箱を野外に設置します。冬の間に取り付けておいても、なんの問題もありません。夜用の住みかとしても機能するでしょう。（なるべく学校の敷地内で）設置に適した場所とは、次のような条件を満たすところです。

■敵から身を守れる（肉食獣と人間）：巣箱は二〜四メートルの高さの建物の壁や、木にぶらさげるように設置します。これに対し、木の幹への取り付けは適していません。

■太陽と影：巣箱には朝陽が当たるようにしつつ、日中は、なるべく日差しが当たりっぱなしにならないようにするべきです。

■方角：つなぎ目のない背板を風雨に晒される側に向け、かつ、入るための穴が南から東へと向くように、巣箱を取り付けます。

■近くに飛来場所がある：飛んでくる親鳥や巣立つ雛鳥には、巣箱の近くに留まる場所が必要です。そのため、建物の壁に設置する場合は、近くに木がある必要があります。

巣箱を取り付けたら技術的な作業は終わりです。しかし、生徒たちは、自分たちのしたことがどんなことをもたらすのかということ、巣箱は手入れしなければならないことを知る必要があります。次の二つの段階も守るように手配してください。

観察（一時間）：春や夏には、飛んでくる親鳥を見つけることができます。運がよければ、雛鳥が

巣箱の具体的な型

1　雨よけ

斜面屋根

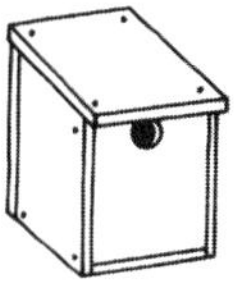

とんがり屋根

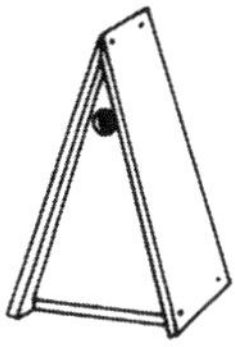

平ら屋根

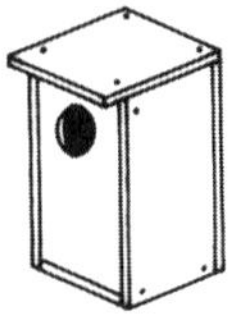

注意：屋根の張り出し部分は十分に取るよう計画すること（傾けて吊す）

2　吊し方

桟ごとに打ちつける

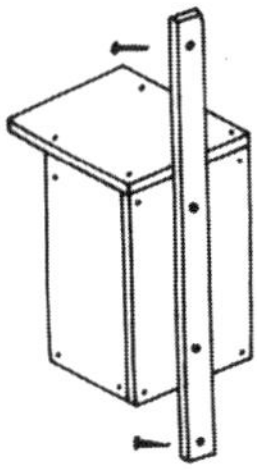

穴の開いた金具

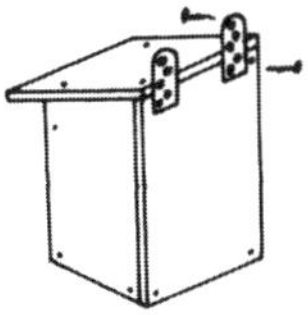

枝にぶら下げる

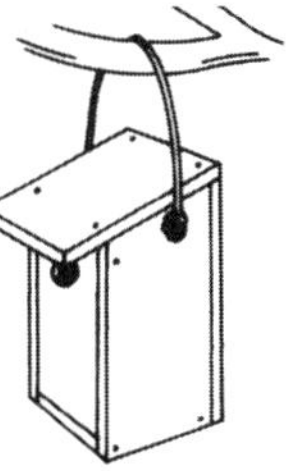

3　掃除用の扉

ふた

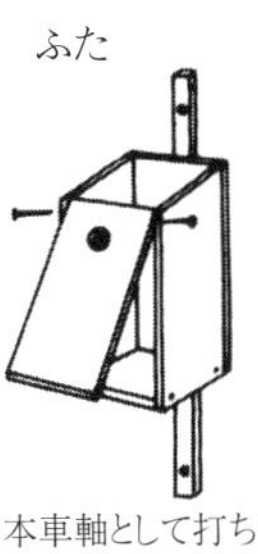

（釘を2本車軸として打ちつける）

引き戸

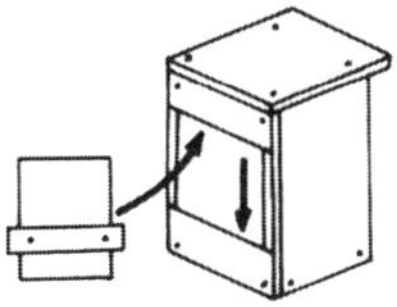

（戸を上に押し入れて、下に落とす）

巣立つところまで観察できるかもしれません。一番いいのは、一時間（生物の授業）野外に移動して、生徒たちに校庭で鳥の世界を探らせてください。

手入れ（二〜三時間）：毎年秋に、生徒たちは巣箱を外します。気をつけながら巣箱を開け、中のものを調べてください。見つけたものを観察対象として生物の授業に使えないでしょうか？　どんな家族生活が行われたと推測できますか？　その巣箱に住んでいた鳥の種類が特定できますか？　うまく雛をかえせたでしょうか？　それとも卵や死んだ雛があり、家族に事件が起きたことを示していますか？　まったく住んだ形跡のない巣箱があったら、どんな手を打つ必要があるでしょうか？

古くなってぐらついた巣箱は、安全性の問題から修理するか、廃棄処分にします。正常な巣箱はすべて、引き続き吊るしておきます。

経験と成果：きちんと設計され丈夫に作られた巣箱は、化学的な木の保護剤なしでも一〇年以上もち、今のひな鳥から二〇世代後の鳥までもが巣を作ることができます。

特別なヒント：自分が期待していた鳥ではないものが住んだとしても失敗ではありません。どの巣箱にもシジュウカラが住み着くわけではないのです。スズメやモンスズメバチなどの虫にも、ちょうどいい隠れ家が必要なのです。

学校に着せる緑の服～外壁を緑化する

ねらい　　　：生徒たちと一緒に学校の敷地作りを行い、計画の段階に生徒たちを取り込む。校舎をツル性の植物で緑化する。動物のための生活圏を確保する。小気候（狭い地域内にみられる気候）を改善する。CO_2を固定して、気候保全に小さな貢献をする。

対象グループ：七、八年生

専門との関連：生物（植物とその地球上での意義）
職業技術（住まいと暮らし）
美術

準備と実施にかかる労力：Ⅱ

所要時間　　：四～五時間

前提と準備：

その土地、その学校に合った形態の緑化が望まれます。植物は、動物に生息圏を与え、人間の生活の質を向上させます。さらに、温室効果ガスであるCO_2を固定し、私たちが気候変動を食い止めようとするのを助けてくれます。この単元で、植樹を扱ってもよかったのですが、ツル性の植物なら狭い校庭にも合うし、私自身がこれまでここ数年趣味として学校にツル植物を植えてきましたので、ここでは外壁の緑化をテーマに選びました。

外壁を緑化するのは、それ自体は難しいことではありません。一番簡単な方法では、壁の前から少しだけ距離を置いてツル性の攀縁《はんえん》植物を何本か植え、最初の年に数回水をやれば、学校を卒業するまで緑の壁が楽しめます。しかし、場合によっては校長や学校運営者から指摘されて片付けなければならず、緑化を実行に移すのが難しくなることがあります。これらの重要なパートナーが自分たちの考えをどう思うか、あらかじめたずねておいてください。かなり抗議を受ける恐れがある場合は、校舎の緑化をすぐに始めずに、他のあまり抗議を受けなさそうな場所を探してください。

この単元では、生徒たちと一緒に壁の緑化の基礎に取り組むことを目的としています。前述のように時間も限られており、校長や学校運営者との必要な取り決めを授業時間に行うと時間内に収まりません。生徒たちも一緒に上手に交渉して、その後に緑化を行うほうが確かに望ましいですが、そうなると時間はさらに多く取る必要があります。

育苗畑のカタログなど、ツル性の植物についての詳しい情報が手に入れば役に立つでしょう。植物を買う際は、一本につき一〇～二〇ユーロのコストを見込む必要があります。植物を自分で苗から育てたい場合は、挿し木用の植物が必要です。

気分を出すために、緑化してある壁としていない壁の雑誌の切り抜き写真が必要です。緑化の計画を立てるのには、校舎の写真を引き伸ばしたコピーや間取り図が必要です。

植えるのに、スコップ、バケツ、水、植物が必要です。

実施：

雰囲気作り（半時間）：写真を使った連想で、生徒たちをこのテーマにいざなうことができます。生徒たちを輪に集めてください。輪の真ん中の床の上に、緑化してある壁としていない壁の写真を置きます。生徒たちは一枚ずつ写真を選びます。少し準備時間を取った後、生徒たちに順にその写真と感想を発表させます。

次に、計画を説明します。この計画がすぐに実施できるものではなく、まず校長先生や学校運営者の助け（と校舎と敷地）が必要であることを話し、生徒たちに心構えをさせてください。

アイディアを集める（二～三時間）：次にクラスで外に出て、緑化に適した場所とちょうどよい植物を探します。その際にワークシート「壁面の緑化」（二二三ページ）が役に立ちます。植物を選ぶ際には、まず条件と希望が反映できるようにするとよいでしょう。

■植物がどれくらいの高さにまで伸びるようにしたらよいでしょうか？　キヅタ（Hedera helix）なら二五メートルまで、ナツユキカズラ（Polygonum aubertii）やアメリカヅタ（Parthenocissus quinquefolia, Parthenocissus tricuspidata "Veitchii"）なら一〇メートル以上にまで伸びます。それに対して、ツルバラやホップ（Humulus lupulus）は長くても五～六メートルです。

■どれくらいの速さで壁を緑にしたいですか？　前述した中では、キヅタはとても遅く、反対にツルバラやナツユキカズラは急速に伸びます。

■植物が勝手に上方に伸びたほうがよいですか？　キヅタやツルバラなら、固定しなくても上に伸びてゆきます。

■その場所の日照条件はどうでしょうか？　陽を好む植物が多いですが、日陰でも大丈夫な種類もあります（例、キヅタ、ナツユキカズラ、パイプカズラ）。キヅタは常緑なので、特に北側の壁を冬の天気から守るのに適しています。

■果樹はどうでしょう？　リンゴや洋ナシ、さくらんぼ、クロイチゴも、格子垣で作る果樹のように日当たりのいい壁面に置くことができます。しかし、他のツル性植物よりも手入れが大変なので、ここでは園芸家に専門的な案内を求めるのがよいでしょう。

文献で、自分たちの学校に適した、自分たちのイメージに合った植物をもっと詳しく調べるとよいでしょう。

ワークシート：壁面の緑化

校庭のツル性植物での緑化に適している場所を探し出そう。次に、校庭のあてがわれた場所を徹底的に観察しよう。

■どこにツル性植物を這わせられるでしょう？　イメージをふくらませよう。校庭だけでなく、小屋や車庫、柱、柵、街灯も緑化できます。

■まずは、植物があまり目立たず、静かに育てられ、壊されたりしないような場所をなるべく探しましょう。

■選んだ場所は、土で覆われていませんか（芝生や花壇）？　まずアスファルトやコンクリートなどを取り除かなくてはならない場所はありますか？

■それぞれの場所では植物をどれくらいの高さまで這わせることができる（這わせるべき）でしょうか？

■光の具合はどれくらい見込めますか？　ずっと太陽が照る場所、日陰にもなる場所、日陰のままの場所はどこですか？

次にその場所に合った植物を選びます。それぞれの植物がそれぞれ違ったふうに光や水、土壌を必要とするということ、また、違ったふうに壁をつたう、ということに気をつけましょう。また、自分で這い上がる植物は、表面に割れ目のない（硬質煉瓦、しっくい）でできた頑丈な石塀だけに植えるようにしてください。

■どの種類の植物がどれくらいの量必要ですか？　どんな道具が必要ですか？

具体的なアイディアができたら、未来の緑の校庭を絵に描きなさい。コピーした写真に、植物が育った状態を書き入れなさい。雑誌から写真や絵を切り取り、作品にまとめあげてもよいでしょう。

この作業の成果物で自分たちの計画をみんなに認めてもらうことを想定しています。そのためには、明確な説明ときちんとした設計が必要です。

続いて、生徒たちは自分のアイディアを発表します。このアイディアを集めて、整理します。その際、必要な情報がすべて用意できているか注意してください。生徒たちが優先的に緑化したい場所を見つけ出してください。

植物の調達にあたってのアイディアを発展させてください。

理由をあらかじめ考える（一時間）：緑化した壁面ってきれいだなぁ。これには異論はありません。壁面緑化へ反対する理由として時々挙げられる主要なものとしては、壁を傷めるかもしれないということがあります。その裏にある心配というのには、次のようなものがあります。

■壁の中に植物の根が入り込み、壁の機能を壊したり成分をはがしたりするかもしれない。
■植物が水を吸収し、それにより壁も湿った状態になりかねない。
■壁への加重が大きすぎて、壁を傷めかねない。

そうした抗議が起こるかもしれないことに対して、生徒たちに準備させてください。また、どうやってそれを説き伏せたらいいのかをみんなでよく考えてください。抗議の最初の二つは、植物の栽培や機能についての生徒たちの知識を使って、誤りであることが証明できます。三つ目の抗議にある危険は、次の場合にだけ起こります。

■攀縁《はんえん》植物を、適切でない十分に耐性のない建材（例、ひびの入った取れそうなモルタルや発泡スチロールの断熱材）に取り付ける

■植物を這わせるための足場を取りつける際の注意不足

これらの抗議に対する考えをもう一度慎重に検討します。また、足場となる地面の近くにケーブルやパイプなどが通っていて、人が立ち入れる状態にしておく必要がある場合には、また問題が出てきます。しかし、生徒たちが十分たくさん場所を選んでおけば、後になってその場所が向いていなかったとわかってもこの計画が失敗することはありません。

この単元は、さしあたり最初の大まかな計画を完成させて終えます。教員がこのアイディアを校長先生と、場合によっては学校運営者と調整しなければなりません。実際の作業で助けてもらえるよう、主事さんに加わってもらうのも忘れないでください。植物を「雑草」と間違って抜かれても困ります。必要な同意が得られたら、クラスの生徒たちと一緒にこのような次の段階へと進むことができます。

■植物を栽培する：秋の間にツル植物用の苗木を調達し、挿し木して増やしてください。植物が邪魔されずに育つような場所を見つけて手入れをしたら、一年後にツル植物を植えかえることができます。

■支柱を立てる：簡単な支柱なら、細長い板で作ることができます。ニスなど細長い板に防腐剤をしみ込ませ、垂直、平行もしくは斜めに、壁にネジでとめます。

■植え付け：秋か春先にツル植物を植えます。

■手入れ：最初の一～二年は、夏の間に植物に水をやる必要があります。

経験と成果：壁の緑化は、壁を美しくする簡単で効果的な方法です。校庭での他の作業同様、壊されて問題になる可能性はあります。しかし、デュッセルドルフのフルダ・パンコック総合学校などでは、校庭づくりの際にむしろよい経験をしました。きれいで魅力的な緑の校庭を作ろうと学校が一丸となって取り組めば、壊されることも最小限に抑えられるばかりでなく、子どもたちや保護者からも協力を得られるようになります。

特別なヒント：助けが必要な場合は、積極的に助けを求めてください。たとえば、新聞に投稿して植物の寄付を請うのもよいでしょう。

参考文献と連絡先：

ツル科の植物についての情報は、園芸の本が参考になります。

ＵＮＥＰ「10億本植樹キャンペーン」

http://www.env.go.jp/earth/info/billiontree/

国連環境計画（ＵＮＥＰ）の10億本植樹キャンペーンは、気候変動対策として世界中で植樹を普及させる活動です。学校の校庭そして、壁面緑化でも、この願いをサポートすることができます。

自然をちょっと元に戻す〜学校の敷地の地面を掘り起こす計画

ねらい　：土地利用における権限と利害、利害の衝突を知る。環境作りの力を得る。
対象グループ：九、一〇年生
専門との関連：地理（景観作りと環境保護、経済と社会の空間構造、都市の居住空間とその問題、地元の町の生態系調査）
社会（権利の主体としての人間、人間と政治、エコロジーとエコノミーの緊張関係）
職業技術（選択必修：プロジェクト授業―プロジェクト作業の段階を学習する）
国語（口頭および記述のコミュニケーション）
準備と実施にかかる労力：Ⅱ
所要時間　：約二〇時間

地面をアスファルトやコンクリートで塗り固めることで、自然の状態は強烈な影響を与えられます。たとえ、その土地が塗り固める前に既に手付かずの自然ではなかったにしてもです。植物の成育の邪魔をし、動物からは生活圏を奪い、小気候は変化し、雨水が地面にしみ込むことはもうなくなります。慎重に検討した上でそうした干渉を正当化するような理由は確かにあります。しかし、学校の校庭をアスファルトや石版で埋めることは、過去によく見られたように、理由をあげるのも難しいものです。ましてや社会的な振る舞いや事故の危険性への影響などもあるのですから。

覆われた土地を掘り起こすという要求は、しごくもっともですが、聞こえるほど簡単なことではありません。なぜなら、比較的広い土地を掘り起こすには、色々な関係者の利害を考慮しなければならないからです。教育のプロセスとして必要な同意を得る試みは試しがいがあります。というのも、そうした具体的なプロジェクトに従って、生徒たちは社会の機能の一部を学び、積極的な共同作業が得られるからです。

問題は、そうした同意を得るプロセスでは多くのパートナーを頼りにするので、四五分間授業で前もって計画を立てるのが難しいことです。そのため、実際に自分たちの学校の敷地を変えたければ、授業の枠組みで情報を集めて基本的な考えを発展させた後に、同意をあなたが教員として得る必要があります。

実施：

雰囲気作り（半時間〜一時間）：雰囲気を作るために、生徒たちは学校の敷地についての自分たちの立場を確かめる必要があります。一四三ページにあるダーツボードが適当なら、その手法を応用してもよいでしょう。また、「学校の敷地の何が好き？」という質問を小グループで話し合ってもよいでしょう。その際は、各グループが四〜五つの具体的な内容にまとめるようにし、これをまとめで発表します。

状況の把握（一〇時間）：クラスのみんなで学校の敷地を詳しく調べ、責任者にインタビューを行います。その際、次の疑問を明らかにするようにします。

■学校の敷地はどのように使われていますか？　私たちの学校の敷地の土壌にはどのような使い方やニーズがありますか？　学校の土地は休息の場で

あり、遊び場や、駐車場、ごみ容器置き場として役立っています。事故防止や美観、場合によっては自然保護としての条件があります。消防車の乗り入れや、地下ケーブル、配管も考慮しなければなりません。掘り起こす費用はあらかじめ計算します。生徒たち、先生、主事さん、学校運営者（教育委員会、土地課、環境課、経理課）、電話会社、水道局、電力会社を考慮に入れる必要があります。ここでは生徒たちは、様々な人がまったく違った視点で学校の敷地を見ていることを知ります。

■学校の敷地のどの土地は舗装しておく必要がありますか？　なぜ舗装する必要があるのでしょうか？　舗装することでどんな目的が達成できるのでしょうか？

様々なパートナーに質問する作業などは、小グループで平行して進めることができるでしょう。

変更のアイディア（一〇時間）：

では、クラスで学校の敷地の一部に取り掛かり、その土地を作り変える方法を探します。

■すべて舗装する代わりにどんなことができますか？　緑化舗装用植生ブロック、芝砂利、多孔質舗石、芝継ぎ目舗石、小砂利継ぎ目舗装、とはなんでしょう？　これらの舗装材はどんな使用ニーズに合うでしょうか？　学校の敷地内では、どの土地が向いているでしょうか？（駐車場は、たとえば緑化舗装用植生ブロックで代用できます）

■学校のどの敷地は舗装する必要がないでしょうか？　また、遊び場を芝生や緑に変えることはできるでしょうか？

■生徒たちや先生にとっては、将来的に考えられるこれらの使い方のどれが魅力的でしょうか？
■前述の使用法のうちどれが、舗装をはがしたときに影響を受ける可能性がありますか？　そのためには、どのパートナーと調整する必要がありますか？
■どれくらいの費用がかかりますか？（何立方メートルのアスファルトをはがし、どれくらい地面の基礎が必要になりますか？　少なくともここでは規模は知っておく必要があります）。
■どのパートナーが手伝ってくれるでしょうか？（たとえば建築業者や廃棄物処理業者）

この作業の結果として、具体的な根拠のあるアイディアと目標が発表できます。生徒たちがわかりやすく適切に発表できるように気をつけてください。
さらに細かい計画となると、授業の枠組みを出ます。
後に実際に作業することになったら、全学年で協力して作業にあたりましょう。

経験と成果：モデルプロジェクト「グリーンマイル」では、ノイブランデンブルクの生徒たちが計画を実行に移すだけでなく、創造力をもって計画を練って学校の周囲をつくることもできるということを示しました。他の地域でも同様の報告があります。

特別なヒント：比較的低学年の子どもたちの考えでも、適したやり方で影響を与えることができるということに注意してください（二〇二ページ参照）。

「あるかなしか」ではなく、どの土地なら舗装をはがしても構わないかを話し合えるように、構成要素やバリエーションを、色々な風に発展させてください。

このプロジェクトの部分的な段階へのヒント（例、生徒へのアンケート、広報）が、この本の他の章でも見つかります（三一〇、三一六ページ参照）。

第５章
モビリティと交通

交通、つまり道路や線路、水上、空中での人間や荷物の輸送は、同時に数多くの環境問題を決定的に引き起こす、人間の活動領域です。

■交通手段には土地が必要であり、土地を消費します。ドイツの地域間を結ぶ交通と地域の幹線道路の占める割合は国土の二・一パーセント（出典：独連邦統計局、二〇〇四年）と、交通のための土地利用は、確かに減っているようです。しかし、交通手段は動物の生活圏を遮断するのみならず、人間、よりにもよって子どもたちの生活圏をも分断しています。

■燃焼モーターや電気モーターによって動く交通手段は、エネルギーを消費します。ドイツのエネルギー消費の二八・七パーセントは交通（産業交通、公共交通、個人交通とあらゆる形態の交通）によるもので、交通部門は、三番目に大きなエネルギー消費源となっています（写真参照）。

■化石燃料が燃焼すれば、有害な排気ガスが出ます。エネルギーの消費に従い、交通は、温室効果ガスである二酸化炭素を排出しています。暖房においては進歩しましたが、交通では折り返し地点が見えてきません。さらに交通は、窒素酸化物（NO^x）においては、ドイツ国内で最も大きな排出要因になっています（一九九二年時点、独連邦環境庁、『地球が生き残るための条件』より引用）。

■交通事故により、命を落とすもの（人間、動物、植物）が年々かなり増えています。

■交通は騒音を引き起こします。

■交通のインフラ整備（乗り物や道路）には、地下資源が消費され、ごみが出ます。

これらは全て充分すぎるほど周知の事実であり、その大部分が車の交通によるものだということ

もまた、秘密でもなんでもありません。これらの問題はもう随分前から環境教育のテーマに取り上げられていますが、目に見えた変化というのは確認できていないようです。

　このように教育と知識と行動がかみ合っていないのは不思議ではありません。なぜなら、交通システムは、人間が最初の汽車を発明して以来、技術的かつ文化的な巨大な功績であるからです。鉄道や車、モーター船、飛行機は、地域と地域の距離を縮めました。これらは人や物、サービスのモビリティ（移動）を世界規模で可能にし、そのことで人類の発展に多くの魅力的な可能性を切り開いています。

　今日に生きる人々にとっては、動けることは、非常に基本的なニーズです。「旅の自由」は、DDR（ドイツ民主共和国＝旧東ドイツ）時代の一九八九年の平和な政治的大転換の際、旧東ドイツ国民の大半の意見が一致した数少ないもののうちの最初の要求のひとつでした。

モビリティ、特に車のモビリティは熱いテーマです。「自転車に乗ればいいよ！」六年生の子どもには当たり前のことです。一八歳の職業学校の生徒は、これを提案というよりもむしろ挑発と取るかもしれません。そうしたら、あなたがた教員はどう反応したらよいでしょうか？

生活の質を追い求める私たちにとって、モビリティはどんな価値を占めるのでしょう？　モビリティが上がれば生活の質も上がるのでしょうか？　ドイツのスーパーマーケットに、二〇〇〇キロ離れた水源地から輸入したミネラルウォーターが、（少なくとも）地元の水五種類と他の国内の水五種類の隣に並んでいても、私たちの食事にとっては取り立てていうほどのものではありません。遠く離れた場所の風景や文化にまで入り込んでゆく旅行者は、自分の文化の一部をほとんど否応なしに持ち込んで、そのことで文化的な特徴や多様性といったものを平均化し、旅行の目的であったはずのもの自体を変えてしまいます。モビリティが高まっても、必ずしも人と親密に会う時間が増えるわけではなく、それどころか、（ほとんど）すべての人にモビリティがあると、人と会う予定をたてるのがもっと難しくなります。

モビリティと生活の質の好ましい相関関係が、確かに過去にありました。しかし、もはや交通を強化することで得られる利点は激減しました。それに対して、生活の質の喪失や環境問題という代償は増えています。

「時間と空間に対して節度を持つ」。研究『地球が生き残るための条件』の六つの理想像のうちのひとつにこう書かれています。交通についてはどうでしょうか？

求められる交通の転換は、まず文化的な転換に違いありません。転換といっても、人々がよく意識することから始めるのが大切であり、使うガソリンをもっと少なくする程度のことでは終わりません。生徒たちと一緒に持続可能なモビリティの理想像を描き、具体化し、小さな一歩を実際に踏み出せるかもしれません。これはただデータを集めるだけや、「ものごとへの分別」へ訴えることよりもずっと意味のあることでしょう。（ましてや自分たちの行動に説得力がなければ意味がありません）。もっとはっきり言うと、交通システムが圧倒的に車の利用者の利害に合わせて作られているような社会では、生徒たちに自家用車を節制するようしむけるのは教育の濫用になります。

環境教育の一環としては、たとえば次のようなものを発見し、促進することができます。

■弱者や、車を運転しない交通利用者にも、自分でモビリティを選択する機会を与えられる連帯した交通システム（生徒たちも含めて、人口の三分の一以上がこのグループに属します）

■モビリティがあまり強いられない、地域で用を済ませることができる住宅地の構造

■身近な場所のすばらしさ

■お互いのためにもっと時間を費やす文化

■地域への自信、自負

もちろん、将来性のある交通システムの技術的な課題（高速鉄道、三リットル車やソーラーカーや水素カーなど）に取り組んでもよいでしょう。

自由な時間の街を探そう～交通と住宅地の構造

ねらい：住宅地の構造と交通の関係を知る。あまり交通を必要としない住宅地の未来像を発展させる。
対象グループ：五、六年生
専門との関連：地理（私たちの連邦国ドイツ、住宅網、交通の開発）
宗教（共同体の場所と可能性を一緒に見つける）
哲学（社会的責任としての自然との関係）
教科間をまたぐ課題分野：交通教育（国語、宗教、哲学、生物、化学、職業技術）
準備と実施にかかる労力：Ⅰ
所要時間：二～三時間

前提と準備：

作業の一部は宿題にします。

ワークシート：交通

１週間の間に、自分と家族がどれくらいの時間移動しているかを計算しよう。歩き、自転車、バス、電車、車、バイク？　家から家まで、全部の時間を計算に入れよう。他にももっと別の移動があったらその時間も追加しよう。その際どんな交通手段を使っているかは関係ありません。

	移動	移動ごとの一日あたりの所要時間（分）						
誰		月	火	水	木	金	土	合計
自分	通学							
	自由時間／買い物							
お父さん	通勤							
	自由時間／買い物							
お母さん	通勤							
	自由時間／買い物							
お兄さん	通学							
	自由時間／買い物							
妹	通学							
	自由時間／買い物							
合計								

どこへ行くのに特にたくさん時間がかかっていますか？
自分自身はどこへ行くのに一番時間を使っていますか？
どこで始まってどこで終わっていますか？
その際、どんな交通手段を使っていますか？
お母さんやお父さんは多くの時間をどこへ行くのに使っていますか？
どこで始まってどこで終わっていますか？
お母さんやお父さんはどんな交通手段を使っていますか？

実施：

データの把握：自分や家族が一週間にどれくらいの時間を移動に費やしているかを算出します（ここでは交通手段は重要ではありません。それについては続く単元を参照）。生徒たちは宿題として二三九ページのワークシートで情報を把握します。

自由と時間の未来像：宿題をチェックする前に、クラスのみんなで自由と時間について考えます。時間延長マシーンのお話を朗読してください。もしこんな不思議な方法で一時間自由な時間がもらえるとしたら何がしたいかを、生徒たちに聞いてください。まず少しの間静かに考える時間をとり、小さなグループで意見を交換してから、クラスの前で発表させるとよいでしょう。

時間のかかる交通：それでは、宿題を良く見てみましょう。子ども一人当たりがある場所から別の場所に移動するのに、どれくらいの時間を一日ごと一週間ごとに費やさなければならないですか？家族は一日ごと一週間ごとにどれくらいの時間を費やさなければならないでしょうか？

家族の中では、どこへの道のりに特に時間がかかっていますか？　どうしてそこへ行くのにはそんなに時間がかかるのでしょうか？　スタート地点はどこですか？　どうして一部の道のりはそれぞれが離れていて、行きにくいのでしょうか？

時間延長マシーン

マリリンとケニスがした発明は、単純ではあるが天才的なものだった。時間はやっぱり引き延ばせ、ガムのように自由自在に厳密に延ばせた。人はそのトリックさえ見やぶれば、時間をひっぱったり地面にたたきつけたりして、もっと長くも短くもすることができた。

もう随分と前に、マリリンとケニスはこの手がかりを見つけていた。それが始まったのは、永遠に終わりが来ないかのように長く思われたあの数学の授業のことだった。それは45分間だったのだろうか？　2人は、鐘が鳴って次の鐘が鳴るまでに、少なくとも午前中の半分くらいを費やしたはずだと確信していた。そして、午後になって2人が港で一緒に遊んだ時には、まるで30分間のようにあっという間に時間が過ぎてしまった。もはや2人とも知っていた。その感覚は嘘じゃないんだ。

一度発明をしようとしたものならわかるだろうが、二人は夢中になって、初の時間延長マシーンを設計して作ることに取りかかった。いつもどおり、マリリンの大おばさんの家の屋根裏部屋が製作所となった。この間、2人の両親は朝食と夕飯の時にしか子どもたちの顔を見られなかった。しかし、どっちにしても彼らにはマリリンとケニスのための時間はほとんどなかった。

約3週間で時間延長マシーンは完成した。それはクランク付きの電子レンジのように見えたが、それはこの際どうでもよかった。後でこの箱の見た目をもっとかっこよくすればいい。今は2人とも初のテストに燃えていた。マリリンがクランクをストッパーのところまで回し、ぶぅーんという音がしてマシーンが動き出した。「今何時？」マリリンが尋ねた。「3時」ケニスが答える。「うかうかしてられないわ」「見張り台に登ろう」マリリンが言った。2人は天窓にのぼり、彼らの街のあわただしい雑踏を見渡した。

塔の鐘が6時を知らせるまで、2人は4時間見張り台で過ごした。マシーンが動いたんだ！ある昼下がり、2人はまる1時間多くもらったのだ！

自由な時間の街の未来図：二時間目には、人々があまり移動をしないで済む街や街区のイメージを、生徒たちでよく考えます。次に、四人くらいの小グループで話し合って、作業をします。小グループでは、自由な時間の街の地図を描きます。そこには、住宅、工場、店、レジャー施設、運動場、学校、交通、緑地公園などを記入します。

それぞれの自由な時間の街をクラスで発表し、実際の自分たちの街の地図や他の地図と比較します。どのように結論づけますか？

経験と成果：普段の通学にかかる時間は、学校運営において計算に入れる必要があるものの一つですが、そうした場面で考慮されることは滅多にありません。田舎では、小学生のうちから、移動や待ち時間、授業時間に、毎日八時間を費やさなければならないということがどうしても起こります。

特別なヒント：生徒たちの交通にかかる時間を減らすのは、教員にはどうにもなりません。しかし、生徒たちと一緒に作業をし、交通において明らかに問題のある状態を見つけて、それを取り除くことはできます。乗り換え時間を短縮するのを助けたり（時間割と近距離交通の運行表の最適な間隔）、待ち時間をもっと快適に過ごせるようにする（教室や活動の提供）ことはできるのではないでしょうか？

自転車のための自然保護～地元で自転車に乗る

ねらい　：環境にやさしい交通手段として自転車の役割を強化する。交通システムに対する自分の要求を知り、言葉で表現する。改善を提唱する。
対象グループ：七、八年生（場合によっては五、六年生でも）
専門との関連：教科間をまたぐ作業分野：国語、宗教、物理、生物、化学、職業技術
選択必修：技術（交通技術―交通にやさしい学校環境づくりの概要、自動車を持つことの問題の概要）
地理（様々な文化領域空間に影響を与える要因）
哲学（自分の行動の可能性を制限したり豊かにしたりする他者の理解）
準備と実施にかかる労力：Ⅱ
所要時間　：二日間のプロジェクト、もしくは一〇～一四時間（暖かい時期に）

前提と準備：

このプロジェクトは内容的に実にオープンなものなので、最初の雰囲気作りや目標設定は、場合によっては実際のプロジェクト当日の数日前に実施しておくといいかもしれません。そうすることで、落ち着いて具体的な課題を決めて、場合によっては必要な特別な備品（カメラ、ビデオカメラなど）を調達する機会ができます。しかし、すべてをプロジェクト当日に行うというのも考えられます。

プロジェクト当日には、生徒たちは交通上安全な自転車と、天候に合った服装、筆記用具（硬い下敷きを含む）を持参します。カメラもあると便利です。

生徒たちにはちょうどいい地図（市街地図か散策地図か測量地図、できれば書き込みができるようコピーで）が必要です。雰囲気作りの写真連想ゲームのためには、自転車や自転車に乗っている人（できれば世界中の）の写真が四〇〜五〇枚必要です。前もって雑誌から探して切り抜いておいて、ボール紙に貼りつけてください。

他の遠足などでもそうですが、特に安全対策には気をつけなければなりません。場合によってはもう一人教員をつける必要があります。

実施：

プロジェクトの初日には、雰囲気作りと目標設定そして調査（少なくとも一部分）を行います。二日目は、評価と成果物の発表にあてます。この単元を通常授業の枠で行う場合、適当に時間を分割します。

雰囲気作り：このプロジェクトでは、生徒たちが交通利用者として中心にたちます。この段階でこのような視点を持っておくようにします。

椅子を円状に並べて座ります。円の真ん中に、自転車に乗る人の写真を置きます。どの子もこの中から自分が共感できる写真を一枚選び出します（選択肢を十分に与えるには、子どもの数よりもずっと多くの写真が必要です）。少し時間をとって選んだ写真をじっくり眺めたら、順番に写真と自分の考えを発表していきます。コメントしたり、議論したりは、ここではなしです。

目標設定：ここでの関心事は、生徒たちが自転車に乗る人の立場に立って、交通利用者として調査し、問題を明らかにして、弊害などを提唱することです。

生徒たちの最初の意見は、具体的な目標や課題を決めるのに役立つでしょう。調査内容をたとえば次のものに限定してもよいでしょう。

■既存の自転車道の量と質（住民向けや旅行者向け）

■色々な交通利用者（自転車と歩行者、自転車と車）の共存と対立

ワークシート：交差点

指示した交差点まで自転車で行こう。まず、その交差点の交通状況について話し合おう。優先道路がどのように規定されているか、それぞれの交通利用者にどのような危険が考えられるかを探して見よう。
では、交差点が良く見えて、また安全で交通の邪魔にならない場所を見つけよう。交通利用者を、今日のお昼の○○時から○○時まで、朝の○○時から○○時まで観察しよう！

■歩行者や自転車に乗る人、車に乗る人がどのように交通空間を分かち合っているか、その際それぞれがどうやって互いに接しているかを判断してみよう。
■自分たちの観察を、表の形で記録しよう（例、車は早く走りすぎる、自転車に乗る人は不注意、生徒たちは道を走って横断する、など）！
■自転車に乗る人は何によって邪魔され、悩まされ、危険な目にあっていますか？
■自転車に乗る人は、他の交通利用者をどのように邪魔し、悩ませ、危険な目に合わせていますか？

典型的な状況をスケッチしたり、写真やビデオを撮ろう！
作業を自分たちで分担しよう！
交通利用者として自分たち自身の安全に気をつけよう！

■普段学校まで自転車で通学する生徒たちの安全性

この時点で既に、どんな成果物をプロジェクトを通して作るべきかを良く考えてください。どのような形で知識をまとめたいですか？　なんのために成果物を活用したいですか？　成果物を使って誰と相談したいですか？

それでは、生徒たちが小グループで行う具体的な調査任務を発表します。次の上記ワークシートでは、二つの例を紹介しています。

調査：生徒たちを調査に送り出す前に、交通における安全な対応を生徒たちに教えましょう。次に、生

ワークシート：日常の自転車道路

普段学校に通う道を自転車で走ろう。
■この自転車道の安全性はどう思う？　自転車に乗る人と他の交通利用者との間で衝突が起きる可能性のある場所をすべて記録しよう（例、自転車道と歩道が道幅の狭いところに一緒になっている、自転車道が車道と交差していてその車道から見えにくい、自転車道が車道と平行して走っていて駐車場代わりに使われてしまっている、交通標識が足りなかったり、標識が多すぎて逆にわかりにくい）！
■道路の舗装はどう思う？　舗装に問題があるところはすべて記録しよう！
■その道は魅力的？　その道沿いを走るのは楽しい？　特にどんなところが気に入っている？　何が気に入らない？
■家や学校では、どのように自転車を停められる？　自転車を停めるのに、安全で雨にぬれず、便利な場所がある？

見つけたものを記録して番号を振り、地図上にも番号を記入しよう。できれば写真も撮ろう！
この作業には一日時間を取ろう。
交通利用者として自分たち自身の安全に気をつけよう！

徒たちを好きな子同士や関心によってグループに分け、場合によってはもう一人の担当教員をつけて、調査内容を振り分けます。交差点のワークシートに取り組む場合は、あらかじめどこで観察するべきかを話し合っておきます。日常の自転車道を調査する場合は、その道をいつも自転車で通っている子どもがもちろんグループの中にいる必要があります。さらにこの際、普段は自転車で通学しない生徒たちも一緒に行くとよいでしょう。グループの生徒たちは、出発前に必ず、地図を使ってどの道を進むのかを確認しておく必要があります。

評価：調査が終わったら、生徒たちをクラスに集めて、自分たちの体験や観察を報告します。

■自転車に乗る人の状況として典型的なものはなんですか？　どんなことが多くのグループで共通して観察されたでしょうか？

■どうすれば自転車に乗ることが、より楽で安全で魅力的になりますか？

■どんなことが自転車に乗ることを、より難しくつまらなくし、危険をもたらしますか？

■どんな改善案がありますか？

■これらの問題に責任があるのは誰ですか？

ディスカッションで触れられた点をグループでさらに発展させます。自分たちの記録や場合によっては証拠資料（写真、ビデオ）を使って、現在の状況や改善案を、厳密に、追体験して理解できるように表現します。

成果物：教育的視点から、把握した情報や身に着けた意見は、成果を定着させるためにひとつの成果物としてまとめます。社会的・環境的視点からすれば、生徒たちの考えで必要と思われる改善をできれば提案するべきでしょう。そのためには次のようなことができます。

■要求（交通の危険性の除去）とお願い（例、自転車道をもっと増やす）を、政府と行政に通知する

■生徒たちが掲示版で啓蒙する（安全性と環境保護）

■車を運転する人へ配慮を求める（例、新聞の読者欄へ投稿、プレスリリース）

■観光局と協力して、街の自転車道マップを作る

この際、生徒たちが自信を持ってきちんとした論調でお願いできるよう手伝ってください。

経験と成果：普段の自転車道でも、自転車道によって環境に優しい観光が促進できるということを発見できます。例えばビュッツォウの生徒たちは、ローカルアジェンダ21（訳注：一九九二年のリオのための行動計画」（アジェンダ21）で求められている、地方公共団体による持続可能な発展（Sustainable Development）の実現に向けた行動計画）の枠組みでこれを行いました。

特別なヒント：交通のテーマのように、カリキュラムによる課題領域が複数の科目にまたがっている場合は、その科目の授業時間を組み替えることで、必要な時間枠を確保することを勧めます。ここではいずれにせよ、他の教員から同意を得ることが不可欠です。

ここで実現した状況把握を他のプロジェクトに活用できたら理想的でしょう。

三回乗り換え？　～バスと電車で学校へ

ねらい：環境にやさしい交通手段としてバスと電車を知る。これらの交通手段に対する自分の要求に気づき、それを言葉で表現する。改善を提唱する。
対象グループ：七、八年生（場合によっては五、六年生でも）
専門との関連：教科間をまたぐ作業分野：国語、宗教、物理、生物、化学、職業技術
選択必修：技術（交通技術――交通にやさしい学校環境づくりの概要、自動車を持つことの問題の概要）
地理（様々な文化領域空間に影響を与える要因）
哲学（自分の行動の可能性を制限したり豊かにしたりする他者の理解）
準備と実施にかかる労力：Ⅱ
所要時間　：二日のプロジェクトか一〇～一四時間

前提と準備：

準備として、後述の自分たちのクラスの目標を具体化し、それに従って適切なワークシートを作成します。

生徒たちには、天候にあった服装と筆記用具（硬い下敷きを含む）、できればカメラも必要です。公共近距離交通の時刻表と、適当な地図（市街地図か散策地図か測量地図）も必要です。

他の遠足の時と同様、道路交通での生徒たちの安全を保証しなければなりません。生徒たちの数や年齢に合わせて、場合によっては追加で担当教員をつけてください。

この単元を自転車道や歩道の調査と平行して行うことも考えられます。

交通公社に最初からパートナーに加わってもらってください。交通公社は、たとえば無料の乗車券を提供してくれるかもしれませんし、プロジェクトの成果にとって重要な関係者のひとりです。

実施：

雰囲気作りと目標設定（一時間）：この単元の一環として、生徒たちは近距離交通の乗客としてそれぞれの状況を調査し、問題を明らかにして、限られた可能性の範囲ではありますが解決方法を提唱するようにします。また、たとえば近距離交通のサービスをよりよくするための知識を深めたり、交通利用者としての生徒たちの安全性をもっと高めたりすることに、もっと重点を置いてもよいでしょう。

雰囲気作り：ウォーミングアップとして、生徒たちにバスや電車での自分の体験を語らせます。三〜五分時間を与えて、出来事を思い出させ、キーワードをメモさせます。次に、適当にペアを作り、互いの体験を発表し合います。第三段階として、四〜五人のグループを作り、もう一度自分の体験を紹介し合います。

それでは、プロジェクトデーの目標と進行を説明してください。

調査（三〜四時間）：では、好きな子同士か興味に合わせてグループを作り、場合によってはもう一人の担当教員を割り当てて、課題を分担してください。

生徒たちを調査に送り出す前に、道路交通での安全な行動について教えてください。また、地域の近距離交通の運行表と生徒たちの今回の活動の行動範囲に従って、試験乗車を効率よく組み立てる必要があります。原則的には、生徒たちにとって重要な区間を調べるべきです。第一に、日常の通学路や、中心的な遊び場所などがそうでしょう。ワークシート（二五三ページ）の表現は、実際の状況に合わせて適宜変更してください。

初日のまとめ（半時間）：すべてのグループが戻ってきたら、生徒たちを輪に集めてください。フ

ワークシート「バスと電車」調査

バスと電車を調べるために、いつも学校に来るまでの区間で、試験乗車をしてみよう。たくさんの停留所を調べてみよう。
ちょっと待った！　出かける前に、次の課題をよく考えてみよう！　これらの課題をどのように解きたいか、たとえばどの停留所を批判的に見てみるかを決めよう。

■自分の家から学校までどれくらいの乗車時間がかかりますか？（徒歩、待ち時間、純粋な乗車時間を詳しく分ける）
■バスや電車の中、停留所では、読みやすくわかりやすい運行表が設置されていますか？　他の路線への乗り換えの可能性についての情報はありますか？
■他所からきた人でもこの運行表の見方がわかるでしょうか？　もしくはどのような情報が欠けているでしょうか？
■安全性を確かめてください。どこに危険が潜んでいるでしょうか（見通しの悪いところ、駐車している車や自転車との衝突）。その際、自分たちよりも道路交通の事情をよく知らない低学年の子どもやお年寄りのことも考慮にいれてください。
■停留所の快適さはどうでしょうか？（悪天候からの保護、電灯、ベンチ、清潔さ）

全部正確に書きとめよう。
■どこでどのような問題がありますか？
■典型的な状況を写真に記録しましょう。

それでは、いってらっしゃい。
交通利用者として自分たち自身の安全に気をつけよう！

＿＿＿＿時までに学校に戻ろう！

ワークシート「バスと電車」評価

次の質問について話し合ってみよう！　大事なことを全部キーワードでメモしよう！　バスや電車を使わない子がいるとしても、一緒に作業しよう。

A. バスと電車　一般

■運賃はどうですか？　どんな種類のチケットがあるか知っていますか？　値段の手ごろな一ヶ月定期券はありますか？　生徒用乗車券で午後や夜も乗車できるでしょうか？　そのチケットでバスと電車を乗り継ぐことができますか？

■乗車していて快適さはどうですか？（清潔さ、時間の正確さ、座席、運転手の親切さ）

B. バスと電車　通学路

■運行時間と時間割はうまく合っていますか？　毎朝バスや電車が学校に着いてから授業が始まるまで長時間待たなければなりませんか？　放課後にバスや電車を長時間待たなければなりませんか？　急ぐ必要はありますか？

■待ち時間があるときには何をしますか？　どこで何をしますか？　どこで待っていてよいですか？　どこで待っていたいですか？　その時間に何がしたいですか？

■バスや電車で学校に行くのに賛成する理由をすべてあげてください。反対する理由をすべてあげてください。何が変わったらいいか、考えを発展させてください。

C. バスと電車　自由時間

■自由な時間に、自宅以外では何をしますか？　クラブ活動や運動場、ディスコや友だちの家にはどうやって行きますか？
■バスと電車の運行予定は、みんなの自由時間の活動とうまく合っていますか？　バスや電車は、自分たちの住んでいる地域から適切な場所まで走っていますか？　バスや電車は適切な時間帯（例、夜遅くまで）に走っていますか？　自分たちにとって重要な場所なのに、バスや電車ではたどりつけないということがありますか？
■自由な時間にバスや電車に乗るのに賛成の理由をすべてあげてください。反対の理由をすべてあげてください。何が変わったらよいと思うか、考えを発展させてください。
D. 結果
■不満な特定の状況があれば：何を変える必要がありますか？　何がしたいですか？

ラッシュの手法（訳注：一三〇ページ参照）で、調査でのそれぞれの個人的な印象を、短い言葉で順番にまとめます。話すのはいつも一人だけで、コメントなどはしないようにします。

話し合いと評価（二時間）：プロジェクトの二日目は、小グループで自分たちの調査結果を評価することで始めます。そのための課題は前述のワークシートにあります。

まとめ（一～二時間）：作業が終わったら、生徒たちをまた全員集め、自分たちの調べたことや意見や考えを紹介します。

生徒たちがみんなの前でグループの意見をまとめられるよう手伝ってあげてください。

■批判すべき重要な点や、改善して欲しいことを、トップテン形式で作らせてもよいでしょう。また、生徒たちの意見を黒板に書きとめてください。意見がすべて集まったら、生徒たちは各自三ポイントずつ持ち、自分にとって重要な意見に印をつけます。これは民主的なやり方で、自分たちのクラスを代表する結果をもたらします。

■また、決定トルテの手法を使ってもよいでしょう。ある特定のテーマに対する意見を円グラフに書きます（例、批判）。円を大きく占めた意見が優先順位を示します。この決定トルテを生徒たち全員で黒板を使ってすれば、グループ同士の意見交換をねらい通り活発にすることができるでしょう。

ここで得られた主な結果は、場合によってはさらに具体的にかたちにし、根拠を挙げて立証することが必要かもしれません。そのためには、もう一度生徒たちを小グループに分け、それぞれのグループで意見を精査することができます。

多様でさまざまな意見が出るように手を尽くしてください。おおざっぱな主張（「バスが少なすぎる」）では、責任者から簡単に退けられてしまいます。（つまり：どの区間で、どの曜日のどの時間帯にバスがあまり走っていないのか）

成果物（二〜三時間）：習ったことを消化し、実際に改善を提案するために、次のようなことができます。

■要求（交通の危険性の回避）とお願い（例えば、運行プランと時間割の間隔の改善）を政府と行政に通知する（誰がそれぞれの対象になるのか、どうやって自分たちのお願いを上手にかたちにして届けることができるのかを、生徒たちと一緒に徹底的に考えてください）。

■同じ学校の生徒たちに掲示板で通知する（安全性と環境保護）。

■クイズを作る（どうすればA地点からB地点まで、一番早く、一番安く行くことができるか？）。そうした質問を先生にもするとよいでしょう。

経験と成果：交通公社はもちろん経済的に仕事をしなければならないので、交通公社に影響を与えるといっても当然非常に難しいことです。そのため、希望や要求の段階によっては、なるべくたくさんのオプションを用意しておく必要があります。例えば、風の強い日や悪天候時に長時間バスを待たなければならない場合、バス停に小屋を設置したり、運行プランと時間割がうまく合うように改善したり、学校内に魅力的な待合室を設置したりすることで、状況が改善されるかもしれません。一方では、ドイツ交通クラブの調査によれば、実際は近距離交通でもお客様が神様であるということがわかります。

特別なヒント：交通公社と協業する場合は、決して「お願い」という姿勢をとらないようにします。あなたがたのプロジェクトは近距離交通を魅力的にするのに役立ち得るし、役立てるべきなのですから。交通公社にしてみれば、自分たちの営業に関心を持つ新しいお客様を得るということになるのです。

また、的を絞った広報活動で、満足のいかない状況の改善を求めてください（三一〇ページ参照）。

歩いていこう～徒歩で学校へ

ねらい：交通利用者として歩行者の状況を知り、強化する。自分の要求を形にする。改善を提案する。

対象グループ：七、八年生（場合によっては五、六年生でも）

専門との関連：教科間をまたぐ作業分野：国語、宗教、物理、生物、化学、職業技術
選択必修：技術（交通技術―交通にやさしい学校環境づくりの概要、自動車を持つことの問題の概要）
地理（様々な文化領域空間に影響を与える要因）
哲学（自分の行動の可能性を制限したり豊かにしたりする他者の理解）

準備と実施にかかる労力：Ⅱ

所要時間：二日間のプロジェクトか一〇～一四時間

前提と準備：

準備として、後述したように自分のクラスの目標を具体化し、それに沿って適当なワークシートを作成します。

生徒たちには、天候にあった服装と筆記用具（硬い下敷きを含む）が必要です。カメラもあるとよいでしょう。適当な地図（市街地図や測量地図）が必要です。

他の遠足時と同様、道路交通における生徒たちの安全を確保する必要があります。生徒たちの数と年齢によっては、担当教員を追加する必要があります。

この単元を、自転車道の調査や近距離交通の調査と平行して実施することも考えられます。

実施：

雰囲気作りと目標設定（半時間）： 歩行者というのは、交通利用者の中で「最も弱い」立場にあることが多いものです。この単元の一環として、生徒たちは歩行者として状況を調査し、問題を明らかにし、可能性は限られてはいますが解決方法を提唱するようにします。

黒板に「歩いて学校にくること。私が考えるのは、……」という言葉で、文を始めてください。次に、生徒たちに数分間時間を与えて、静かに文の続きを考えさせます。そのために、生徒たちは最高でも五つのキーワードをＡ５の紙に大きな字で書きます。そして、順番に、わかりやすく完全な文章で文の続きを発表させます。少なくとも各生徒が一度は発言するようにします。キーワードを書いた紙を黒板にとめます。この際、コメントしたり議論したりしないようにします。

次に、キーワードの紙をテーマごとに意味に沿ってグルーピングします。ポイントをまとめてください。

では、次の作業の目標と流れを説明してください。

調査（三～四時間）：それでは、生徒たちを好きな子同士もしくは興味に合わせてグループに分けて、場合によっては担当教員をもう一人つけて、作業を分担してください。

生徒たちを調査へ送り出す前に、道路交通における安全な行動について教えてください。

ワークシート「歩いて学校へ」二六三ページ参照

初日のまとめ（半時間～一時間）：初日の終わりとしてクラスのみんなをもう一度集め、生徒たちに体験と感想を報告させてください。

プロジェクトの二日目は、調査内容を評価し、そこから結論を導き出し、成果を定着させます。

話し合いと評価（一～二時間）：まず小グループで調査内容を評価します。そのためにワークシートの課題を記入します。

まとめ（一〜二時間）：調査でわかったことをクラスのみんなに詳しく紹介します。みんなが発表内容を理解できるように注意し、良い点や批判すべき点、提案など、意見別に重要な成果をキーワードで黒板にメモしてください。

引き続きみんな一緒に、それぞれの項目ごとに、重要な結果をフィルターにかけてください。これを実施するために、たとえば各生徒がそれぞれの項目ごとに三ポイントずつ持ち、重要な意見に印をつけるのもよいでしょう。

重要な点をなるべく正確に描写するようにします。たとえば、危険だと思う場所の具体的な標識やスケッチ、解説付きの写真など。これをグループで作業します。

成果物（二〜三時間）：この単元を締めくくり、実際の改善を提案するために次のようなことができます。

■学校まで両親に車で送ってもらうのをやめさせる
■自治体の決定機関に批判や希望を伝える
■成果を地元紙などで紹介する（読者欄への投稿やプレスリリース、できれば写真つきで）
■第三者に援助をお願いする（例、警察に速度規制を促す）
■低学年の子どもなどに通学路での危険性を説明する（例、掲示板や、もっとよいのは、実際の場所の状

ワークシート「歩いて学校へ」

地図に自分たちの通学路を書いてみよう！　その後、この通学路を一度よく意識しながら歩き、次の質問について考えてみよう！　目についたことはすべてメモし、地図に番号を記入して、後でメモを整理できるようにしよう。できれば写真も撮ろう！

■通学にどれくらいの時間がかかりますか?
■どの通りで長時間待たなければなりませんか?
■どの場所では過去に歩行者の事故がありましたか?
■車の走る速度が速すぎる場所はどこですか?
■なにいらいらすることがありますか?
■道を歩いていて車にいらいらしたことはありますか?　なぜですか?
■道を歩いていてバスや電車にいらいらしたことはありますか?　なぜですか?
■通学路で気に入っていることは何ですか?
■歩道がないのはどこですか?
■駐車している車やごみバケツで邪魔されている歩道はありますか?
■歩道と自転車道がぶつかっている場所はありますか?
■ぬかるんでいたり、冬に滑りやすくなったり、雨が降ると水たまりができる歩道はありますか?
■電灯が足りない場所はどこですか?
■騒音がひどい場所はどこですか?

学校に戻ってきたら、見つけたことを評価しよう!

■自分たちの地域を歩くことに賛成する理由をすべてあげよう。反対する理由をすべてあげよう。何を変えたいか、具体的なアイディアを発展させよう!　みんながわかるようにこのアイディアを形にしよう!
■歩行者として自分たちの状況をよくするために、自分たち自身で何をしたいか、何ができるかをよく考えよう!

況に合わせた交通教育のためのゲームを作る）

経験と成果：インターネットで紹介されているプロジェクトによれば、交通教育の一環として生徒たちは自分が道路交通の一員であることを学ぶだけでなく、交通利用者としての自分の役割を積極的に強化することができることを学べます。

特別なヒント：生徒たちが、わかりやすく自ら進んで、しかも丁寧に大人と相談できるように助けてあげてください。生徒たちや若者が批判しようとしても、（残念なことに）いつも面倒な問題と受け止められてしまいます。「やり方を間違って」難しくしてしまわないようにします。

日頃の食事は近所で育つ～地域の品物探し

ねらい：交通量が増えている理由を知る。品物の輸送の無差別なグローバル化に対するオルタナティブとしての地域性のチャンスを知る。
対象グループ：七、八年生
専門との関連：教科間をまたぐ作業分野：国語、宗教、物理、生物、化学、職業技術、地理（経済地理）
準備と実施にかかる労力：Ⅱ
所要時間：一～二日のプロジェクト

前提と準備：

この単元では、地元地域の産業地図が必要です。あらかじめ地元の地域経済や食糧経済についての新聞記事を集めてください。

実施：

雰囲気作り（一時間）：宿題として、夕飯に食べている食料品がどこからきているのかを、生徒たちにメモさせましょう。包装された食料品の多くは、小さな楕円形のＥＵ検査マークによって産地が特定できます（訳注：ＥＵ内では）。

宿題のチェックには、地図帳が必要です。それぞれの食料品に適した地図を使って、それぞれが何キロメートルくらい離れたところから運ばれて、自分の食卓にたどり着いたのかを見積もります。原産国だけが記されている場合は、その国の（理論上の）真ん中から自分の地域までの距離をあてがいます。どの子どもも、自分の夕飯のための輸送距離を割り出します。少しの間静かに作業をした後、各自が自分の食料品、その産地と算出した距離の合計をあげます。挙げられた食料品と距離を黒板に書き（何度か挙げられたものは重複して書きません）、距離を足します。クラスのみんなが夕飯の食材を得るのに、どれくらいの輸送距離が必要ですか？

調査：では、次に挙げた質問に沿って、どの食料品なら地元（郡、市区町村とその周辺地域、最大でも自分の州の学区）産のものがスーパーで手に入るかを、小グループで調査します。また、情報がわかりやすいように、調査範囲を限定する必要があります。たとえば、あるグループは穀物と穀物製品を調べ、別のグループが牛乳と乳製品を調べる、といったようにするとよいでしょう。

■どんな食料品が私たちの地域では生産されていますか？
■どのような地元産の食料品が地域のスーパーで手に入りますか？
■同じようなものが地元でも生産されているのに、ある食料品が遠くから運ばれてくるのには、どのような理由があるのでしょうか（スーパーや地元の生産者へ質問）？
■地元で生産された食料品は、他の地域で作られたものと比べて値段はどうですか（店で比較）？

評価：グループで調べた情報を、短い報告としてクラスで発表します。クラスでは、得られた知識を次の質問で深めます。
■地域の食べ物を優先的に食べることは可能でしょうか？　どんな障害がありますか？　主要な食料品や好まれている食料品のうちのどれが地域で生産されていないでしょうか？
■地域の食べ物を優先的に食べることには意味があるでしょうか？　また、魅力的でしょうか？　他の地域の食べ物と比べて値段や質に違いはあるでしょうか？
■どこで地域の食料品が買えますか？　この製品には、スーパー以外にどのような特別な販売ルートがありますか？
■自分たちの学校の休憩時の軽食はどうですか？　地元で生産された食料品が優先されていますか？　将来的には優先されそうですか？　そのためには具体的にどのようなステップが必要ですか？　誰がそのステップを実現させなければなりませんか？

経験と成果：ドイツ全体で有名になったのは、ある食料品を追った九〇年代半ばの研究です。これは、原料を調達して製品が完成し朝食の食卓に並ぶまでの全ての工程において、どんな輸送方法が必要かを調べたものです。ここで取り上げられたのはフルーツヨーグルトでした。この調査では、イチゴの栽培から牛乳の生産、ヨーグルトカップの包装までを扱っています。結果は九一一五キロメートルの輸送距離となりました。

雰囲気作りでの課題で言えるのは、もしこの研究のように計算するとしたら、区間の距離はずっと長くなるだろうということです。

特別なヒント：雰囲気作りの課題のところでは、きちんと証明できる結果になることはもちろんありません。距離はすごく不正確で、特にすべての原料の輸送や製造工程も計算に含む必要が出てくるでしょう。つまり、この工程を正確な結果に仕上げようとする必要はありません。食料品だけでもかなりたくさんの輸送をもたらしているということを、生徒たちが大まかに想像できることが重要なのです。

地域で作られた商品を学校のカフェテリアで販売することは、生徒経営会社（訳注：小中学校で生徒たち自身が経営する会社のこと）のひとつの具体的な目標設定となりえます（三〇〇ページ参照）。

地球を一〇周～学校の交通量を計算する

ねらい：日常の通学路を、学校運営において非常に環境に影響を与える分野として知る。二酸化炭素のデータを得る。環境分野でのデータの把握と処理を知る。
対象グループ：七、八年生　九、一〇年生
専門との関連：教科間をまたぐ作業分野：国語、宗教、物理、生物、化学、職業技術
選択必修：技術（交通技術―交通にやさしい学校環境づくりの概要、自動車を持つことの問題の概要）
地理（様々な文化領域空間に影響を与える要因）、情報学（表計算）
準備と実施にかかる労力：Ⅰ
所要時間：四時間

前提と準備：

あらかじめ、校長先生や他の先生たちと一緒に、データの方式について明らかにしておく必要が

あります。いつ、どの組織の枠組みで、生徒たちや先生に質問をしますか？

実施：

雰囲気作り：自分の学校の全校生徒と先生が、年間にどれくらいの距離を学校に来るために移動しているかをみんなで予想します。予想値をメモし、この単元の最後に推計結果と比較します。

準備（一時間）：この単元の関心は、日常の通学・通勤路の距離の推計を、できるだけ信用できるように行って、どの交通手段がどれくらいの割合で使用されているのかを見つけることです。そのためには、クラスの生徒たちは全校生徒と先生に質問をする必要があります。限られた時間でどうやって信用できるデータが得られるかを、生徒たちと一緒に考えてください。また、三一六ページの「……をどう思いますか？」の単元で書かれたヒントに加えて、次の考えも考慮に入れてください。

■交通手段の選び方は年齢によって違います。つまり、全ての学年を含む必要があります。

■質問を受ける側には、事実に基づいて正しく答える正当な機会が必要です。毎日何キロメートルを移動しているかをすぐに答えられる人はほとんどいません。そのため、質問の際は、縮尺付きの地図をあらかじめ置いておく必要があります。

■受け入れてもらえる組織的な枠組みを選ぶ必要があります。どのように、また、いつなら生徒たちや先生が一番よく捉まりますか？　アンケートを配布したいですか？　それとも授業中に他の生

ワークシート：日常の通学路

どうやって通学してる？

ワークシートの中の質問に答えてください。手伝いが必要な場合は○○○さんまで知らせること。

交通機関	片道の距離（km）	片道あたりの所要時間（ドアツードア）	1日あたりの往来数（片道、往復）	年間あたりの往来数（片道、往復、年間の授業日は約200日）
徒歩				
自転車				
バス				
電車（路面電車、電車、長距離列車）				
車				
その他（何？）				
特記事項				
回答者の性別		学年（先生）		

※記入したワークシートは○○日までに○○○○までに提出してください。

徒にインタビューできるでしょうか?

■最後に、普段の通学路についてもっと他の視点も聞き出したいかどうかをよく考えてください。たとえば、その交通手段を選ぶ理由など。これはこの単元では必要ではありませんが、このデータは他の場面で役立つでしょう。

では、生徒たちはアンケートを作成します。二六一ページのワークシートはあくまで参考です。

質問(一時間):準備ができたら、生徒たちはワークシートに助けを借りながら他の学年の生徒や先生に質問をします。もしくは、先生を通じて他の学年の生徒にワークシートを配布します。

コンピューターでのデータの把握(一時間):得られたデータを、次にコンピューターで表計算プログラムに入力します。一人に一行ずつあてがって、色々なデータを例に整理しておくのがよいでしょう。生徒たちと一緒に統一感のある構造を作ってください。そうしたら、生徒たちは一人か二人ずつデータを入力し、さらにこれを大きな表にまとめられるようになります。

次の時間までに、個別のデータをすべて入力した大きな表を用意してください。

評価(一時間):データを表計算で入力するのは骨の折れる作業です。しかし、生徒たちはこの努力が報われることがすぐにわかるでしょう。というのも、これによりデータが多様に評価できるからです。コンピューターは早く計算するだけでなく、大量のデータを正確に計算します。また、結果を比較的早くわかりやすいグラフにすることもできます。どちらのチャンスも活用しましょう。そして、どの種類のグラフが自分たちの意見をはっきり伝えるのにそれぞれ一番適しているかを、じっくり考えましょう。

まず、質問をした相手ごとにパーセントで割合を計算できるように作業を分担しましょう。

■質問をした相手全員の交通手段は、それぞれどれくらいの割合を占めていますか？　生徒たちと先生とで答えが分かれる質問にはどんなものが目立ちますか？

■一人一日あたり平均してどれくらいの距離を進んでいますか？

■一人一年あたり平均してどれくらいの距離を進んでいますか？

次に、生徒たちは学校全体での場合の値を推計します。この際、彼らの抜き取り検査での答えが典型的なものであるという仮定で行います。

■全校生徒が学校に通学するのに、年間合計どれくらいの距離を進んでいますか？

■先生たちが学校に通勤するのに、年間合計どれくらいの距離を進んでいますか？

■すべて合計すると、年間どれくらいの距離になりますか？

■この合計の距離は地球を何周するのに（赤道沿い、地球の半径は六三七八キロメートル）相当しますか？

■徒歩、自転車、公共交通、自家用車別ではそれぞれどれくらいの距離ですか？

■みんなで年間どれくらいの時間を学校に来るのに費やしていますか？

■年間合計してどれくらいの化石燃料が、学校に来るのに使われていますか？　次の数値を使って計算してください。車：一・〇二五キロワット時／キロメートル、バイク：〇・五一三キロワット時／キロメートル、バスと電車：〇・二〇五キロワット時／キロメートル、自転車と歩き：〇キロワット時／キロメートル

■あなたの学校の二酸化炭素排出全体のうち、交通はどれくらいの割合を占めていますか？　（八九ページ参照）

■環境保護という観点では、何を改善するとよいでしょう？　生徒たちと一緒にできることはなんでしょう？

次の質問は、この授業時間以外で分析評価を深めるのに適しています。

■質問した相手の生徒では、一日あたり平均して何時間くらい移動していますか？

■質問をした相手の先生では、一日あたり平均して何時間くらい移動していますか？

■質問をしたそれぞれの交通手段の利用者は、平均するとどれくらいの体系による時速（体系による時速とは、ここではドアツードアでの合計の区間の指数とそれに属する合計時間を意味します。たとえば、停留所までの道のりやバスの待ち時間も含みます）で目的地に着いていますか？。他の交通手段に比べて、車の利点はどれくらい大きいでしょうか？

経験と成果：交通部門は、学校の環境へ大きく影響しています（九三ページのグラフ参照）。これは、

生徒たちの年齢が高ければ高いほど（自分の自動車を持つ傾向）、また居住地域の規模が大きければ大きいほどそういう傾向になります。

特別なヒント：信用のできる説得力のある結果を出したいなら、データを注意深く扱うということが、このような推計では大切です。ワークシートとすべての計算方法を厳しくチェックして、間違いのないようにしてください。しかし、もちろんここで得た結果というのは、あくまで実際の状況に近いに過ぎません。「正確な」計算結果をキロメートル単位で学校の広報で公表する、などといったことは、少し出過ぎたことになるでしょう。

第6章
環境と健康

自分の健康とのつながりが、環境問題に対する非常に個人的な見方に関わってきます。健康とは、病気や障害がない状態だけでなく、身体的に、精神的に、そして社会的に元気であるということです。環境と病気、健康と元気にはどんな関係があるのでしょうか？

たとえば、人間は次のような場合に病気になります。

■大気汚染物質――産業や交通によって温室効果ガスCO_2とともに排出されるもの、もしくは喫煙によるもの

■食べ物――食べ過ぎ、バランスの悪い食事、栄養不足

■騒音――交通騒音に煩わされる、職業騒音によって聴力障害が引き起こされる深刻な職業病

次の三つの挑発的な主張が考えられます。

(1)「私たちを病気にするものは、私たちの環境をも病気にする！」病気と環境問題は、切っても切り離せません。過剰な肉の摂取は健康を害します。なぜかといえば、特に、肉を食べ過ぎることによって脂質もエネルギーも摂りすぎてしまうからです。産業的な肉の生産により、私たちの時代になって初めて肉を消費し過ぎるということが起こるようになったわけですが、これは他方では環境をもひどく脅かしています。大量飼育によって個々の動物が顔のない化学反応装置にされ、その命の意義がたんぱく質と脂質の合成へと引きずりおろされるだけではありません。家畜の糞が土壌や水を汚染する恐れがあるだけではありません。肉を食べるというのは素敵なことではあるけれども、とても贅沢なことなのです。なぜなら同じだけ満腹になる肉を生産するのに、植物性の食べ物に比べて約七倍の資源やコストが必要となるからです。そのため、肉の食事には、穀

物の食事よりも七倍もの農業用地や肥料や農薬が使われます。食糧は気候変動を引き起こしている大きな原因のひとつであり、私たち先進国の人々は、消費者として影響を与えています。ドイツ人ひとりあたりが食糧のために平均して排出する温室効果ガス（CO_2換算）は、年間一・六五トンであり、一人当たりの排出量の一五パーセントに相当します。

(2)

「子どもたちは無防備な犠牲者であり、大人が犯人である！」。大人がタバコを吸えば、子どもたちは自分で敢えて肺を害するという選択肢を持てる前から、一方的に煙を吸わされることになります。誰が、いつ、どういう目的で出かけるのか、どの交通手段を使うかは大人が決めます。子どもたちは車の排気ガスを吸い込んだり、事故で怪我をしたりします。食習慣においても、子どもは大人の影響を強く受けます。たとえば、社会的・経済的に問題のある家庭の子どもは、「良い家庭」の子どもよりも誤った食生活に陥る傾向が強いということが、ドイツでは証明されています。

(3)「私たち工業国の人間は裕福であることを通じて病気になり、途上国の人たちは欠乏により病気になる！」私たちドイツ国民の多くは、脂肪が多く、砂糖の多い、偏った、一般的に十分すぎる食事をしています。その結果が、心臓や循環器系の病気、虫歯、糖尿病や他の病気であり、そのための措置で年間一〇億ユーロ弱のお金、健康保険予算の約三分の一をむさぼっています（**Zittlau, Jörg/Kriegisch, Norbert,** 一九九八年）。ドイツ人一人当たりの統計上の食事での平均が約三五〇〇キロカロリー（一万四七〇〇キロジュール）であるのに対し、インド人では二二〇〇キロカロリー、エチオピア人の場合は一七〇〇キロカロリーしかありません（**Lackmann, Jürgen,** 一九九六年）。前述のように、ドイツ人が動物性の食事をエチオピア人よりも約一〇倍食べているということを考慮すれば、貧富の差はさらに大きくなります。二〇〇〇年には、世界の人口の一四パーセント、八億五八〇〇万人が栄養不良でした。中央アフリカでは、人口の六〇パーセント以上が栄養不良と、もっとも高い数値を示しています。全世界の子どもの死亡原因の半分以上を、栄養不良が占めます。このような割合に達した伝染病は、ペストを別にしてはいまだかつてありません。

以上のことから、この本では環境と健康のテーマを独立した章で扱います。こうした背景から、次のようなことができます。

■自分たちに関係する、病気を引き起こす影響を明らかにする

■健康な環境における、健康な生活のための戦略を探す
■その戦略を継続的に適用するのに役立つ能力を鍛える

この単元では、騒音と食事を中心にしています。これは意図的なものです。なぜかというと、このテーマでは生徒たちは被害者にも加害者にもなりえるからです。ここでの「環境教育」は、自分自身に損害を与えることを避けるのを目的にしています。しかし、短い単元では、このテーマは一部しか取り上げることができません。

騒音を体験する～学校の周りの騒音マップ

ねらい：騒音の煩わしさを体験する。騒音の健康への危険を知る。騒音を減らす可能性を探る。
対象グループ：五、六年生
専門との関連：自然科学系授業（生物、化学、物理―感覚と認識）哲学（私たちの感覚）
準備と実施にかかる労力：Ｉ
所要時間：二～三時間

前提と準備：

準備段階で、生徒たちが状態を把握できるように網羅的に測定地点を配置します。たとえば、二人組につき三～六地点が必要です。この測定地点は目立つ（見つけるのが簡単）ようにし、校舎と学校の敷地全体に分布させます。生徒たちに重要なバスの停留所などの校外の場所を含めてもよいことにします。測定地点に番号を振り、校舎の見取り図にこの番号を記入してください。次に、生徒たち二人に一枚、見取り図のコピーを配ります。ワークシートもコピーし、それぞれのグループが測定するべき地点を記入します。また、いつ調査をすればよいかを考えます。できるだけ朝のラッシュアワーにします。

雰囲気作りの準備もしなければなりません。集中力テストをしたい場合、見合った教材と音源、他のクラスに迷惑をかけずに音を再生できる教室が必要です。

実施：

雰囲気作り（一時間）：自然科学系の授業で、生徒たちはすでに人間の感覚器官と知覚能力を習っています。

この単元の雰囲気づくりとして、これまで習ったことを元に、騒音が著しく集中力を低下させるストレス要因であるということを、生徒たちと一緒に身をもって体験することができます。二種類の同レベルの問題用紙（コピー）を準備し、生徒たちに答えを解くのに集中させます。長めの計算問題などが適しています（難しい必要はまったくありません）。最初の問題用紙は、ごく普通に静かに五分間で解きます。次の問題用紙にも、同じく五分間時間をとりますが、教室には大きな音を響き渡らせます。たとえば、ロックミュージックやスポーツ中継など。続いて生徒たちに結果を発表させ、みんながそれぞれどちらの問題用紙で何点だったかを比較します。点数の差を聞いてみてください。これにより、騒音が集中力にどれくらい影響を及ぼしたかを測ることができます。

状況の確認（一時間）：ワークシート（二八五ページ参照）と地図を配布し、生徒たちに作業を説明します。生徒は自分たちで測定地点を見つけ、それぞれの地点で騒音の度数をつけます。また、約一メートル離れた場所で（二段階で）記録します。どの騒音度数かをよく考えます。叫ばないと話せない、と記録するのは、もちろんもっと静かな声で理解することが不可能な場所だけに限ります。特記事項の欄には、たとえば気づいた音がどこから来るのかを記入します。

進め方を生徒たちが理解したら、みんなで出かけましょう。この時間の終わりには、生徒たちをまた集めます。

評価（一時間）：次の時間にまたワークシートを持ってきます。

大きな一枚の紙に校舎の地図と測定地点を描いて、黒板に張ります。生徒たちは順番に、ワークシートに記入した騒音の度数を言います。一人の生徒がこれを紙に記入します。次に、度数をグラデーションの色（一は緑、二は黄緑など）にして、記憶に残りやすくします。

その後、生徒たちで次の質問について話し合いましょう。

■学校の騒音状況はどうでしょうか？

■どの度数からが不快な騒音と感じますか？　その判断は音量だけによるものですか？　それとも騒音の種類（例、音楽、工事現場、足音）によるものですか？　他にはどんな要因が判断に影響してい

ワークシート：騒音

名前：
日時：

学校の中と学校の周囲のうるささを測りたいと思います。そのために、校舎の図面上にある下記の計測地点を探しください。それぞれの計測箇所に１～６までの騒音度をつけよう。

1　音はまったく聞こえない
2　ささやいて話しても理解できる
3　通常どおり話して理解できる
4　大きな声で話せば理解できる
5　叫ばないと理解できない
6　叫んでも理解できない

どの度数が適当かを慎重に選ぼう。
※自分たち自身も気をつけて行動し、特にまわりのクラスに迷惑をかけないでください。
○○時までに教室に戻ること。

計測地点番号	騒音度	特記事項

ますか？　※この質問は主観的な感じ方の問題なので、「正しい」答えも「間違った」答えもなく、個人的な答えであるだけです。なので、それぞれの子どもの答えについて議論しないようにします。

■騒音の主な発生源と原因はなんですか？

■自分たちの学校周辺の騒音に対しては何ができますか？　発生源では何ができますか？（速度規制や舗装材の改善）　音の排出を減らすにはどうしたらよいでしょうか？（防音壁、垣根）

■先生や生徒たち自身は何ができるでしょうか？　第三者にどんな行動を起こさせる可能性がありますか？

■生徒たちがうるさすぎると思う状況がありますか？（ディスコ、工事現場など）　生徒たちは騒音に対して個人的に何ができますか？

経験と成果：学校における騒音は、多くの場合、元気や集中にマイナスの影響を与える規模になりかねません。そのため、このテーマに取り組む学校はドイツでは増えています。たとえば、デュッセルドルフのフルダ・パンコック総合学校の生徒たちは、学校の騒音を調べました。この学校ではさらに、この問題を専門教科で体系的に取り上げて、教室では静かにするように注意したり、街での建設現場の騒音を改善するよう求めたりといった活動を始めました。「きちんと音が遮断された教室で学ぶ生徒は、最大三〇パーセントも通常より成績がよいという研究もあります。あまりお金をかけなくても、PISA調査でもっとよい成果を出すことができるかもしれません。遮音はとても有効な教育政策的投資といえるでしょう。この分野にこそ、ドイツの教育システムにおける学力向上のための未開拓の可能性が残されているのです」（フルダ・パンコック総合学校）。生徒たちや若者の聴覚を侵害するその他の騒音の例には、大きすぎる音楽（ディスコ、ウォークマン）があります。この分野も検討する余地があります。

特別なヒント：データの把握をさらに詳しく、騒音計で計測をしてもよいでしょう。しかし、この計測の基本となる物理の内容は、高学年でないと理解できないものです。適当な計測器は最近は入手できるようになっています。特にお勧めなのが、一定間隔で継続的に測定する機能のある測定記録器です。測定データはコンピューターで読み込んで、騒音のグラフを作成します。

魔法のテーブル～健康的な朝ごはん

ねらい　　　　：健康的な食べ物を知り、味わうことをおぼえる。
対象グループ：五、六年生
専門との関連：生物（体と栄養）
準備と実施にかかる労力：Ⅱ
所要時間　　：二～三時間（内、二時間は連続した授業）

前提と準備：

十分な数の食器と、そのほか素敵な食事の場に必要なものを用意します。

実施：

導入と準備（一時間）： 生物の授業の教材を通して、生徒たちをこのテーマへといざないます。健康で環境にやさしい食べ物とはどんなものですか？　生徒たちの意見をキーワードで黒板に書き集め、その意見の理由を言わせてください。次のようなポイントが話題として考えられます。

■ちょうどよい量（エネルギーと栄養）
■十分さ（十分な栄養成分：ビタミン、ミネラル、微量元素、水）
■料理の味、におい、見た目や、魅力的な食事の場づくり
■衛生（病気を引き起こす病原菌や有害物質がない）
■地域の食べ物（長距離輸送を避ける）
■季節に合った（貯蔵コストの抑制）新鮮で包装されていない食べ物（ごみの発生抑制）
■動物性の食べ物の節度ある摂取（一人分の肉が七人分の植物性の食べ物に相当）

生徒たちが普段何を朝食として食べているかをたずね、リストにしてください。

それでは、次の時間に健康で環境にやさしい朝食を用意して食べるということを説明してください。実際にどのような食べ物が食卓にのぼるのかを生徒たちに質問し、それぞれの答えの理由を話させてください。生徒たちはきっと、それぞれの食べ物が先にあげたポイントのうちのいくつかしか満たすことができないのに気づくでしょう。

おいしそうなメニューが集まったら、材料をどうやってそろえるか、話をまとめてください。それぞれが何かを持って来られますか？　みんなで一緒に買い物に行きますか？

朝食（二時間）：みんなで朝食の準備をして、静かにいただきます。その際、次の質問をしてもよいでしょう。

■何が特においしいですか？　ひょっとしてこれまで一度も食べたことのないものがありますか？

■この朝食と比べて、自分たちの休憩時の軽食はどうですか？　何をもっと改善したらよいでしょうか？

■それでは、通常の登校日の朝食はどうでしょうか？　何か変えるようなものはありますか？

皿洗いと片付けをみんなでします。

経験と成果：この活動をいろいろなかたちで補足したり、発展させたりしてもよいでしょう。

・「ごみ反対朝食会」を開いて、発生した包装ごみを集めて、どうやってこれらのごみを回避したり、再資源化できるのかを考えることができます。

・デュッセルドルフのエッセン通りカトリック小学校では、四年生が「ひとつの世界の朝食」を実施しました。まず、子どもたちが大きなテーブルを囲みます。テーブルの三分の一には十分な量の食事が用意され、三分の二にはコップ一杯の水とパン半切れだけが用意されました。子どもたちは、この分配がとても不公平であることにすぐに気づきます。教員が、世界の食べ物が

学年	計画したアクション	協力を依頼したいパートナー
5	1日の始まりを健康に〜健康な学校での朝ご飯	保険会社
	姿勢を正せばへっちゃら〜姿勢による問題や背中の痛みを防ぐ	体育の授業での学校内部の協力、スポーツセラピスト、整形外科医
6	にきび〜正しい体の衛生	皮膚科医、薬局、コスメティック研究所
7	喫煙は命に関わる可能性が	保険会社、薬物相談所
8	これがないとパーティは始まらない〜流行の飲み物やアルコールなど	保険会社、警察、薬物相談所、消費者センター
9	ストレスは病気を引き起こす〜循環器系の病気を防ぐ	体育の授業で学校内部の協力
10	親になるというのは責任を持つということ〜妊娠中の母と子の健康被害を防ぐ	専門医、保険会社、保健所、助産師

このように不公平に分配されていることを説明すると、子どもたちの結論は「ぼくたちはここでも世界でもみんなで分け合いたい」。

デュッセルドルフのアグネス・ミーゲル実科学校では、それぞれの学年向けの健康コンセプトを作りました。その一部に、健康的な朝ごはんが取り入れられています。

特別なヒント：学校全体で一度、健康的な朝ごはんの日を設けてください。ビュッフェ形式にしたり、手作りの料理や飲み物も販売して売上金をクラスで貯金してもよいでしょう。

何が入ってる？　～健康的な食べ物のカードゲーム

ねらい　　　　　　：節度のある健康的な食事について遊びながら知識を固める。
対象グループ：五、六年生
専門との関連：生物／自然科学系授業（体と能力、栄養）
準備と実施にかかる労力：Ⅰ
所要時間　　　：二～三時間

前提と準備：

この単元の準備をする際、食品の成分についての情報教材が必要です。自治体の健康保険課にたずねてみてください。通常、栄養表やわかりやすいパンフレットがおいてあります。食品や嗜好品の包装にも適当な表示があることが多いのです。生徒たちがそうした表示を集めて持ってくるのでもよいでしょう。

生徒たちには、絵の道具と筆記用具、ボール紙（スケッチブックの裏側）が必要です。

実施：

生徒たちは、生物の授業との関連で、どのような栄養素を摂取する必要があるか、どれくらいのエネルギーが一日に必要かを習っています。また、食べすぎや偏った栄養が病気を引き起こすことも知っています。ここでは、これらの知識を深める必要があります。そのためにまず、三二の食品と嗜好品を選びます。みんなが知っていて、ほとんどの子が喜んで食べるものを色々混ぜて、みんなで一緒に探します。事前に情報を集めた食品だけを選んでもよいでしょう。

みんなで情報教材を見て、それぞれの食品一〇〇グラムに、以下のものがどれくらい含まれているかを書き留めます。表を黒板に書いておき、生徒たち自身でそこに書き入れます。

■栄養価（キロカロリー、キロジュール単位を換算して統一）
■たんぱく質
■脂質
■炭水化物（特に糖分）
■その他の栄養のある成分（主要なビタミンやミネラル、食物繊維など）

次に、三～五人の小グループを作り、それぞれカードゲームを作ります。三二枚のカードには、すべて食品や嗜好品が書かれています。その下に成分の表示を書きます。

その他の栄養のある成分には点数をつけます。たとえばビタミンと食物繊維を含む場合、二点とします。

グループでカードを作り終え次第、ゲームを開始します。

遊ぶ際には、それぞれが同じ数のカードを持ちます。最初のプレーヤーが自分の一枚目のカードの特に目立つ特徴をあげます（例、項目〝脂質の含有量〟八〇パーセント）。他の子どもは、自分の一枚目のカードにある同じ項目の値を読みます。一番高い値を持っている人がみんなのカードをもらい、次の勝負を始めます。勝利者は、一番最後にすべてのカードを持っている人です。生徒たちはこのゲームの遊び方を、車や飛行機のカードゲームで知っているはずです。勝つのは、いいカードを持っているだけではなく、カードの全体をよく知っていて、自分のそれぞれのカードの持つ特徴を知っている人です。そのため、これはすばらしい学習ゲームです。

経験と成果：遊びながらの学習は、自然科学系の授業の雰囲気を和やかにするのに役立ちます。成績があまり芳しくない子どもでも、興味と積極性を伸ばすことができます。

特別なヒント：自分の教材コレクションにこのゲームのコピーをとっておいてください。

牛がまだ牧草地にいるところ～有機農場への遠足

ねらい　：農業が引き起こす環境問題や環境にやさしいオルタナティブを知る。健康的な食事のための行動の機会を知り、個人的な重要さをはかる。
対象グループ：七、八年生
専門との関連：生物、職業技術、地理、化学、国語（口頭コミュニケーション）、哲学、宗教
準備と実施にかかる労力：Ⅱ
所要時間　：準備を含めて一日のプロジェクト

前提と準備：

あらかじめ農場経営者と見学の約束を取り付けておく必要があります。連絡先は有機農業団体で入手できます。旅費も事前に工面しておく必要があります。

遠足へは、天候に合った服装や筆記用具を持参します。

実施：

準備（一時間）：生徒たちと一緒に、遠足の際に答えてもらう質問のリストを書いたワークシートを作成してください。このことで生徒たちの関心を取り入れることができます。二九七ページのワークシートはあくまで参考程度に活用してください。生徒たちが積極的に質問を出すようにしてください。

遠足（二～三時間＋移動時間）：農家の人に農場を案内してもらい、いろいろと説明してもらいます。ワークシートに沿って生徒たちは自発的に質問をします。情報を記録します。

評価（一時間）：遠足の終わりか次の授業の際に、遠足のときにどんな情報が得られたかを生徒たちにたずねてください。生徒たちはまた、得た情報を批判的に見て、自分の意見を作り、そのことについて他の子どもと議論します。

「アメリカ式ディベート」の方法を使うと、議論を活発にできます。まず、二つの同人数のグループを作ります。次に、ディスカッションのテーマ「我が家は一〇〇パーセント有機食品！？」を発表します。片方のグループではこれに賛成の理由を考え、もうひとつのグループでは反対の理由を考えます。各グループの人数に合わせて、二人にひとつ理由があがるようにします。所要時間は一〇から

ワークシート：有機農場（質問例）

遠足の際に下記の疑問について調べよう。

答えはキーワードでメモしよう。
■この有機農場ではどんな食べ物を作っているのか?
どのような植物を栽培しているのか。どのような動物を飼育しているのか。
■それらの生産物はどこで買えるのか。
スーパーで売っているか。

売っていない場合はなぜか。
■有機農業では、どのように環境への影響を避けよう、減らそうとしているか。
■有機栽培で作られる食品は、そうでないものより単に環境にやさしいだけなのか、もっと健康によかったり、おいしかったりするのか。
それぞれの理由は。
■有機栽培はドイツの人口分の食糧をまかなえるのか、一部の人間が買うだけの分しかないのか。
■有機農場の食品はスーパーの食品と比べてどれくらい高いのか。
■有機栽培は採算的にも選択肢の一つになるか。
経営状況はどうか。

有機栽培の生産物が他の農場経営の生産物より市場価格が高いとしたら、どうやって対抗できるのか。

どのような市場戦略をとっているのか。
■どれくらいたくさんの人がこの有機農場で働いているのか。

一五分とします。

ディスカッションのために、子どもたちが向かい合わせに座れるよう、椅子を二列に並べます。各グループの半分が椅子に座り、残りの半分はその後ろに立ちます。それではディスカッションの開始です。賛成グループの子どもたちが、賛成理由を述べます。その向かいに座っている反対グループの子どもたちは、できるだけそれに合った反対意見を述べます。次の賛成グループの子どもたちは、列全体でディスカッションが終わるまでこの反対意見を覆そうと試みます。一人の子が登場するのは一度だけです。適当な反論ができないときは、後ろの子とバトンタッチします。

このディスカッションでは、どちらの立場にもそれなりの理由があるということがきっとわかるでしょう。そのため、現実的な立場というのは、両者の極端な意見の間にあると思われます。これがわかることも、目指すべき学習効果です。

この手法の代わりに、「決定トルテ」の手法を使ってもよいでしょう（訳注：二五六ページ参照）。クラスの班や小グループで、まずそれぞれの質問に対するいろいろな理由付けを集めます。続いて、それらの理由付けを決定トルテの形、つまりさまざまな大きさのトルテの形でどれが優勢かを目に見えるように構成した円グラフにします。決定トルテはなるべくみんなの意見を反映させて作ります。

経験と成果：特に、小さな有機農家では、自分たちの農産物をスーパーに置くことはできません。なぜなら、大きな取引に対応するだけの量がまかなえないからです。そのため、こうした農場経営者は、他の販売ルートを切り開くことを頼りにしています。たとえば、農場での直接販売や、宅配サービス

(例、会員制の野菜ボックス)や毎週の市場での販売。一方、生徒たちはスーパーの棚ではそうした生産者や彼らの農産物を手にすることはありません。

もうひとつの障害は、有機栽培された食料品の値段が明らかに高めであるということです。環境保護的な観点からだけでは、この高めの値段を正当化することは難しいのです。そのため、味や質で値段の違いを正当化できるかどうか、生徒たちが判断できるように、有機農家の農産物を味見するとよいでしょう。

特別なヒント：大抵の有機農家は、訪問者を特別に受け入れられるように準備しており、宿泊や休暇用の場所を提供しています。

グリーンな企業精神〜子どもキオスクとその他の生徒経営会社

ねらい　：生徒たちの環境にやさしい調達を実現する。問題を解決する。自ら民主的な構造を構築し、責任を引き受ける。経済的な能力を手に入れる。
対象グループ：九、一〇年生（低学年の生徒たちも一緒に）
専門との関連：職業技術
準備と実施にかかる労力：Ⅲ
所要時間　：長期的に

前提と準備：

魅力的で健康的な環境にやさしい休憩用の軽食の提供を学校に望み、生徒たちが環境にやさしい文房具を手ごろな値段で買えるようにしたいなら、生徒経営会社を設立するプロジェクトが適しています。

生徒経営会社は、環境保護とは関係のない課題にも応用できます。

この課題には、継続性と、関心のあるパートナーが必要です。また、生徒たちがもっとも重要な活動主体であり、大人はアドバイスをするだけです。そのため、生徒経営会社は通常の授業ではなく、プロジェクトとして行うのが適しています。アンケートを通しての需要の調査や、学校内部での生徒経営会社の広報などの作業ステップは、全学年を巻き込んで実現するとよいでしょう。

この後に、生徒経営会社を成功させるために実現しなければならない、いくつかの重要なステップについて書いておきます。

実施：

イニシアティブとお店のアイディア：生徒たちが会社を興したい場合、特に次のことを明らかにする必要があります。

- ■どんな製品やサービスを提供したいですか？
- ■誰がお客さん（学校に限定する必要はありません）になりますか？
- ■お客さんのどのようなニーズを満たしたいですか？
- ■お客さんが期待しているものはなんですか？
- ■どのような課題（場所、パートナー、商売がたき）がありますか？
- ■私たちの商売のアイディアで利益は生み出せますか？
- ■私たちの会社にどんな名前をつけたいですか？

■自分たちのアイディアを紹介するのに、どんなロゴが向いていますか？

内部の構造：設立者はまず、次の決定をする前に徹底的に調査する必要があります。

■どのような企業形態や法律上の形態を選びますか？（ザクセン州の経験によれば生徒株式会社（訳注：株式会社を真似た生徒たちが経営する会社）がお勧めです。というのも、株を売ることによって経済的に安定した会社経営ができるからです。フィルンハイムのアレクサンダー・フォン・フンボルト学校のエネルギーエージェントは登録社団法人の形態をとっていますが、それはこの形態が第三者との法的な契約を取り交わすことを許可しているからです）。

■私たちの会社にはどんな内部構造がありますか？　誰が代表になりますか？　どんな役職や部署をおく必要がありますか？

■私たちの内部構造を定着させるには、どんな取り決めや契約（例、雇用契約）が必要ですか？

■どうやって経理を整えればよいでしょうか？

■利益はどうしたらよいでしょうか？

同意と認可：生徒経営会社は、たくさんの規定に定められた、学校を取り巻く範囲で働きます。また、経済活動も多くの規則により規定されています。次の例はドイツの場合です。生徒経営会社は、次の構造に注意深く組み入れる必要があります。

■学校長にあらかじめ同意してもらいます（校舎に関係のある他の場合同様、学校運営者にも）。もっとよいのは積極的にサポートしてもらうことです。
■先生は、生徒たちの自由を制限しないようにしながら、監督します。
■生徒たちが未成年の場合、保護者に知らせる必要があります。
■生徒経営会社は、税務署への届け出の義務があります。しかし、売上税は年間少なくとも三万ユーロの売り上げ以上の場合、法人税は三七五〇ユーロ以上の利益の場合です。
■生徒たちが未成年の場合、法律行為への大人の署名が必要です。
■商売の分野によっては、他の規定にも注意する必要があります。食品や飲み物を販売する場合、特に衛生上の要求があります。

初期資本：設立にはお金と設備、在庫が必要です。この出所は、会社の持ち株（有限会社や株式会社）や、物品やお金の寄付、支援金です。いずれの場合も、積極的に支援を得るようにする必要があります。

会社設立：大まかな予算枠が明らかになったら、関係者全員出席のもとで会社を設立します。引き続き、内部の構築を進めて、顧客を確保し、会社の運営を開始します。

経験と成果：生徒経営会社は、若者に自身の責任と経済的な考え方をもたらすのに、とても適しています。ドイツでは、持続可能な発展のための教育（ＥＳＤ）の学習アレンジとして、この生徒経営会社がとても価値を認められています。生徒経営会社の分野としては、次のような分野があります。

・フェアトレードのお菓子やコーヒーの販売
・カフェテリアやケータリングサービスの運営
・リサイクルペーパーでできた紙やノート、その他の環境にやさしい学校用品の販売
・ツーリストへの自然体験リュックサックの有料貸し出し
・貸し出しおよび販売を目的とした中古自転車の修理
・省エネ対策のアドバイスと省エネしたコストの管理（八〇ページ「ネガワットは貯金箱」参照）

特別なヒント：こうしたテーマについて話し合い、最初の基本的な構造を作ることができる枠組みとしては、「未来ワークショップ」（三一二ページ参照）があります。

第7章
学校や地方公共団体における参加

アジェンダ21は、この地球上にある各政府を対象にしています。しかし、持続可能な発展とは、その他にも幅広い層の主体があって初めて達成されるものです。参加は、持続可能な発展の重要な担い手となる要素であり、アジェンダ21の第三部全体で、重要なグループの参加について扱っています。ここでは、自治体の役割（二八章）が論じられているだけでなく、たとえば女性（二四章）、子どもや青少年（二五章）、NPO（二七章）、民間経済（三〇章）にも触れられています。二五章には、たとえば次のようにあります。「全世界の青少年が、彼らにとって重要なレベルでの決定プロセスに積極的に参加することが不可欠である――」。

アジェンダ21においては、参加は市民の権利であると同時に、持続可能な発展のためのチャンスとして理解されています。持続可能な発展において、市民は、能力ややる気、熱意、（たとえば学校など）特別な生活状況についての知識、時間、お金、関心、好奇心やつながりなどをもたらすことができます。

学校と自治体が協力して環境保護・地球温暖化防止対策を進め、さらに税金まで節約するひとつのプログラムであるフィフティ・フィフティは、参加型学習にとても適しています。子どもたちは、次のようなケースで参加を学びます。

・自分の学校の「環境破壊」を見つけ、これを公表し、改善に取り組む。
・学校運営の古臭い構造を環境政策の視点からつきとめ、フィフティ・フィフティや省エネ契約などのモデルで将来性のある代替案を提示する（八五ページ参照）。
・自分たちで生徒経営会社を設立して、企業精神を示し、持続可能でない発展の問題を捉える（三〇

持続可能な発展と学校

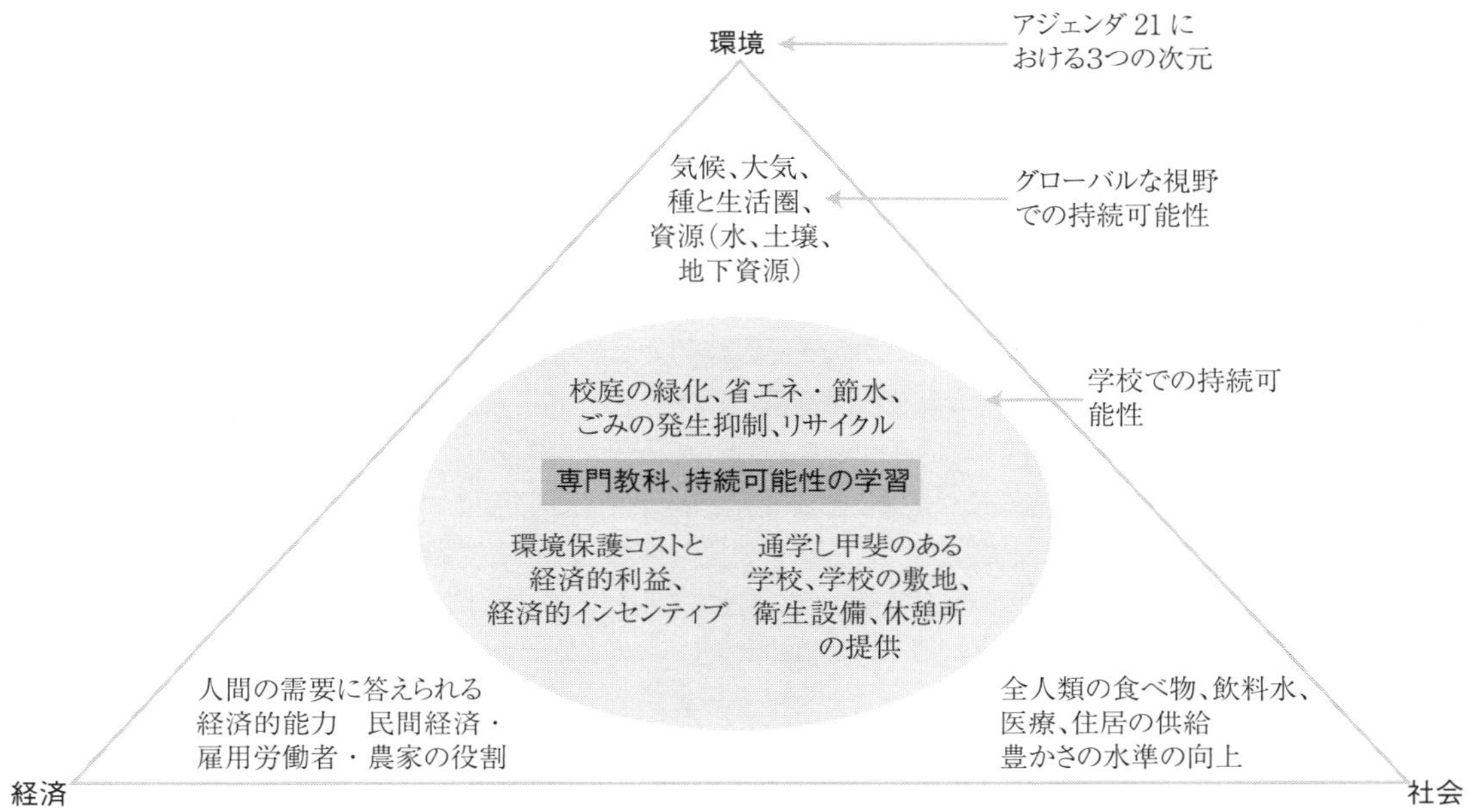
環境
アジェンダ 21 における3つの次元
気候、大気、種と生活圏、資源（水、土壌、地下資源）
グローバルな視野での持続可能性
校庭の緑化、省エネ・節水、ごみの発生抑制、リサイクル
学校での持続可能性
専門教科、持続可能性の学習
環境保護コストと経済的利益、経済的インセンティブ
通学し甲斐のある学校、学校の敷地、衛生設備、休憩所の提供
人間の需要に答えられる経済的能力　民間経済・雇用労働者・農家の役割
全人類の食べ物、飲料水、医療、住居の供給 豊かさの水準の向上
経済
社会

○ページ参照）

これらの活動については、これまでの章で紹介してきました。

この章では、これまでの章に分類できなかった、環境保護・温暖化防止活動への生徒参加のためのさらなるマイルストーンを三つご紹介します。

・広報活動では（三一〇ページ参照）、子どもたちは教員や議員、自治体職員などに耳を傾けてもらえます。

・アンケートでは（三一六ページ参照）、子どもたちは質問する側として自分たちの意見を提示し、それと同時に質問を受ける側として環境政策の問題に対する意見を得ることができます。

・環境マネジメント（三三二ページ参照）では、たとえば理想像をみんなで描いたり、具体的な目標や対策を定めたりなど、自分たちの学校の環境保護のための組織構造を作るのに貢献できます。

二つ注意点を挙げておきます。

(1) 参加はさまざまなレベルで実現できます（前ページ図参照）。参加の経験があまりなくても、最初の段階から始めて、徐々に自信をつけてゆくことができます。

(2) 各利害関係者の参加というのは、政府や政策決定者にとっては挑戦です。ここでは、彼らは役割の認識を変える必要があります。〝分担とは分けざるを得ないということ――それには権力を与えるのを我慢するしかないので、分担は難しい。その代わり、責任も分けることができる（Brückner, 二〇〇四年）。この意味で、生徒たちだけに何かを教えるのではなく、大人も一緒に作業をするようにしてください。

一面の大見出しとサブタイトルについて～環境プロジェクトの広報活動

ねらい　　　：文章コミュニケーションの具体的な活用としての広報を知り、環境プロジェクトに活用する。
対象グループ：七、八年生
専門との関連：国語（文章コミュニケーション）
準備と実施にかかる労力：I
所要時間　　：二～三時間

前提と準備：

この単元では、広報をしたい具体的な動機があることが前提です。つまり、既に環境プロジェクトに取り組んでおり、その結果を公開したいということになります。ある環境プロジェクトをする計画があり、そのために公に援助を求めるような場合、たとえば学校校舎の緑化のための植物の寄付を募る場合なども考えられます。

生徒たちはあらかじめ、地元にどんな新聞があるのか、それぞれ見本紙をいくつか持参して、情報を集めておく必要があるでしょう。

パソコンやプリンターも準備しておいたほうがよいでしょう。

実施：

目標設定と導入（一時間）：生徒たちと一緒に、プレスリリースで具体的にどのような目標を達成したいかを決めてください。誰を対象に、どんなメッセージを伝えたいですか？

新聞でプレスリリースが実際に取り上げられるよう、どうやって作ればよいか、できるだけ明確なイメージを作ってください。そのためには編集者の気持ちになってください。編集者は、魅力的な情報を読者に売り込みたいのです。私たちのプレスリリースはそのための材料なのです。市場での競争力のある最終生産物と思われるものにする必要があります。また、素材は効率的にまとめておかねばなりません。編集室には日々何百もの情報が届いており、一目見て魅力的なテーマだと判断されなければ、瞬く間にごみ箱行きになってしまいます。

生徒たちと一緒に次の問題について話し合ってください。

■どのような印刷媒体が地元にはありますか（日刊紙、広告紙、週刊紙など）？　自分たちの目標が達成できそうな新聞を一紙、みんなで選んでください。作業台ごとに各紙のサンプルを置いておきます。

■その新聞ではどのようなテーマを扱っていますか？　どのような内部構造（例、テーマ分野、地域など）を持っていますか？　どの面に、どのカテゴリーに、自分たちのプレスリリースがあてはまりそうですか？　なぜですか？

■そのページの記事はどのように組み立てられていますか？　ここでは、ワークシートにあげた質問に取り組み、プレスリリースの重要な構成要素を黒板にメモしてください。記事はどれくらいの長さ（文章・単語・文字の数を数え、記事が一段か二段か三段かを見極める）ですか？　自分たちのプレスリリースにどれくらいのスペースが与えられるか、そのためどれくらいの長さならよいかがイメージできますか？

記事を書き、選ぶ（一時間）：生徒たちに構成のイメージができたら、一人か二人でプレスリリースを言葉で表現します。

続いて、文章をクラスで発表します。

民主的に選ぶなら、たとえば、一人一点ずつの持ち点を与えるとよいでしょう。一番点数の多い文章を選び、編集室に送ります。

また、プレスリリースは複数の編集室に送ってもかまいません。

評価（一時間）：生徒たちのプレスリリースが掲載されたら、まず成功を喜びましょう。しかし、次の質問にしたがって、公開された記事の評価もしましょう。

ワークシート：プレスリリース

質問	プレスリリースの作成
この記事にはどんな情報が含まれているか	要点：だれが、何を、いつ、どこで、どのように、なぜ、するのか？
読者の立場にたつと、どんな場合に記事に興味をひかれるか	大見出し、特ダネ：タイムリーな話題や、重要な人間の参加、的確なデータ ヒント：特ダネは意識的に作ることもできます。たとえば、プロジェクトの成果を市長に提出するなど。
どのように個人的な意見を表現するか	個人的な意見と事実に基づいた情報を厳格に区別する。プレスリリースは正確な情報として扱われる。個人の意見は引用として用いる（もしくは、コメントや読者からの便り、インタビューとして）
どのように写真を作るか	カラーか白黒か。明確な被写体で、細々としすぎないように。
どのような形式にするか	端的に、正確に生き生きと（名詞化の代わりに動詞、短い文章、事実と数値など。長々と書くと編集で間違った箇所でカットされる恐れが）
どのように記事を組み立てるか（内容の順番）	重要なことを最初に：見出しと中心となる情報。最初の段落を読めば、大まかに内容がわかって、その後の詳細が読みたくなるように。

新聞記事の分析からでは導き出せない、プレスリリース作成のためのその他のアドバイス：

■必要であれば：情報公開に関する連絡先（例、寄付金の入金口座）
■編集者からの問い合わせ用の連絡先：名前、電話番号、住所
■見出し：※決まった見出しをあらかじめつけるのはあまり意味がありません。というのも、編集者が印刷スペースに応じるなどして、自分で作る場合がほとんどだからです。
■形式：読みやすい書体（できればパソコンで一般的に適用されている書体）、編集者の作業スペースとして5～6cmの幅の余白をとる。十分に行間を残す。

■私たちのプレスリリースは短くなりましたか？　どの箇所ですか？　どうしてでしょうか？
■私たちの表現に手を加えられましたか？　どれですか？　どうしてですか？
■情報の順番は変わっていますか？　どのようにですか？　なぜですか？
■編集室から問い合わせはありましたか？
■読者からどのような反応がありましたか？
■自分たちが最初に意図した目標が達成できましたか？

経験と成果：社会の仕組みがこの単元の収穫です。コミュニケーションがはかれなければ、これは生まれません。デュッセルドルフの学校では、このことを意識して、環境活動に生かしています。生徒や先生たちが公共の場やウェブサイトで定期的にプレスリリースを出して、自分たちの環境保護や温暖化防止活動の成果を発表しています。彼らは国内外からよい反応を得て、フィンランドや日本、中国からも視察にくるほどです。こうした外部からの反響は、その学校の環境活動を有名にするだけでなく、このことで市議会や市行政に評価され、サポートしてもらえることにもつながります。デュッセルドルフ市では、市内の学校にフィフティ・フィフティプロジェクトを提供し、教育委員会と環境課の代表が学校の信頼できるパートナーとなり、市から太陽光発電のデモ装置を貸し出して、この未来のエネルギーについて学べるようにしています。積極的に広報活動を行うことで、学校は活動に対するよい「気運」まで手に入れられます。

地方紙は編集者が少ないことが多く、寄稿を有難がります。タイムリーな話題に関する表現の上手なプレスリリースは、実際に掲載される可能性があります。実際に報告が載れば、生徒たちはもちろん誇りに思うでしょう。しかも、プレスリリースをすれば、自分たちの環境プロジェクトの評判もあがります。この効果を過小評価してはいけません。このことが、教員や校長先生、学校運営者の側からしても、必要な援助を得るのに役立つかもしれません。

特別なヒント：活動中に写真を撮っておき、よいものを集めてください（ネガを含む）。

また、自分たちの環境プロジェクトについて公開した情報をすべて集めてください。そうしたプレス用ファイルは、成果をあげた活動についての証明や国語授業の教材としていつでも役に立ちます。

独特なプレスリリースの一例としては、何か活動に関する面白いものがあれば、地元紙や地元ラジオの編集担当者を学校に招くということも考えられます。

……をどう思いますか？　～環境活動にアンケートを活用

ねらい　　　　：意見を形成する。アイディアを集める。環境問題についてコミュニケーションをはかる。
対象グループ：七、八年生（場合によっては九、一〇年生）
専門との関連：国語（口頭コミュニケーション—準備、インタビューの実施と評価）情報学（例、表計算）
準備と実施にかかる労力：Ⅱ
所要時間　　：八時間～二日間のプロジェクト

前提と準備：

アンケートというものは、そのために単独で行うようなものではありません。むしろ、生徒たちと一緒に取り組む実際の環境プロジェクトとの関連で行うものです。クラス全員で行うよりも、関心のある生徒たちだけの小グループで作業するほうが意味があるでしょう。

実施：

目標設定と計画（二時間）：環境プロジェクトを背景として、まず生徒たちと一緒にアンケートの明確な目標を立てます。具体的には何を聞き出し、その結果をどのように活用したいですか？　活用する分野や例には次のようなものがあります。

■分析：自分たちの学校の包括的なCO_2排出量の収支を作成したい（八九ページ参照）。そのために、生徒たちや先生が日々の通学・通勤でどれくらいの距離を移動しているか、その際にどの交通手段をどの程度使用しているか、という情報が必要。

■意見形成／構想：学校の校舎を改造する計画があり、生徒たちや先生にどのような希望があるか、彼らが現状をどのように評価しているかを知りたい。

生徒たちと一緒に、どうやって集めたい情報が得られるかを考えてください。

■誰に質問したいですか？　全教職員と全生徒に質問したいですか？　それとも抜き取り調査で十分ですか？　その際、それぞれの学年で同じ人数だけ質問する必要はありますか？　その理由を説明してください。

■どのように質問対象者を選びたいですか？　適当に（どうやって）？　それとも体系的に（どうやって）？

■アンケートはどうやって準備すればよいでしょうか？　クラス担任を通じてアンケート用紙を配布して回収してもらうことができるでしょう。また、用意したアンケート用紙に基づき口頭でインタビューをすることもできます。それぞれどのような長所と短所がありますか？

■実際にはどのような質問をしたいですか？

それぞれの質問をどういうものにするのか、どのような回答を期待したいかをよく考えてください。次のような例が考えられます。

■私たちの学校の校庭は気に入っていますか？　六段階評価で点数をつけてください。この質問に対する答えは簡単に評価できますが、どうしてそう評価するかという理由付けは空白のままです。

■「個人的には校庭に何があったらいいのにと思いますか？」次のうち当てはまるものすべてに○をつけてください。項目は判断しやすいように書いておきます。質問を受けた人は具体的に考えるように仕向けられますが、そこに並んでいる回答が発想を制限し、並んでいないけれども重要な点をあげずにそのままにしてしまう危険があります。

■「個人的には校庭に何があったらいいのにと思いますか？」回答例なしでこの質問を単に書いただけでは、質問を受けた人の発想はまったく制限されないものになってしまいます。それでは非常に幅広い視点となり、それぞれを解釈する必要が出てくるため、回答を判断するのが難しくなります。

■「私たちの学校の校庭が緑化されていないのは嫌ですか？」このような提案型の質問は、当然するべきではありません。

みんなで質問用紙を作成してください。他にも興味深い結論が抽出できるように、性別と年齢（学年）も聞くのを忘れないようにしてください。

さらに、生徒たちと一緒に次のような、アンケートの「実施要綱」も作ってください。「親切な態度で行います。質問相手にどうしてアンケートがしたいのかを説明します。アンケートの参加は任意であることを言い、丁重に協力をお願いします。参加したくないとしても、それを個人的に受け取らないようにします。誰がどの回答をしたかは先生も生徒も誰も知ることはなく、得られた回答は匿名で取り扱うことを約束します」。断られたり、問題が起きる場合もあるということに対して、生徒たちに心構えをさせてください。

本格的にデータを集めだす前に、準備した質問を試させてください。何人か模擬アンケートを引き受けてくれる人を見つけ、生徒たちにそれらの質問でインタビューを実施させてください。この模擬アンケートにより、生徒たちは質問者としての役割を確実にこなせるようになります。他の人たちが生徒たちの質問を理解できるか、回答ができるか、答えてくれるかを判断するのに役立ちます。生徒たちは思いがけない状況への心構えができ、たとえば、インタビューがどれくらいの長さになるのか、質問用紙に用意した回答者用のスペースは十分か、といったことがわかります。

質問（二時間）：すべて準備が整ったら、アンケートを実施します。

評価（二時間）：まず、得られた膨大な数の個々のデータを、説得力のある結果に整理する必要があります。ここで役立つのは表計算プログラムです（もし生徒たちがもう扱えれば）。たとえば次のようなことが考えられます。

■質問に対するそれぞれの回答の占める割合をパーセンテージで出す
■絶対的および相対的な割合をグラフにする
■記述式の回答のなかで似ている回答をグルーピングし、それらの回答の割合を出す

内容的な評価を実用段階につなげます。アンケートの結果は何を伝えていますか？　結果からどのような実用的な結論を導き出したいですか？

発表（二時間）：アンケートをして、生徒たちはきっと学校で目立ったでしょう。たとえこれらの回答が当面は自分たちのために必要だったにしても、重要な結果（グラフ、結論）は校内で公開するとよいでしょう。

経験と成果：アンケートは普通は質問者にも回答者にも楽しいものです。なぜなら、生徒たちのコミュニケーションしたい欲求や好奇心をかきたてるからです。

アンケートに関する学校の様々な協働の例としては、次のようなものがあります。

校庭にあったらいいなぁと思うもの

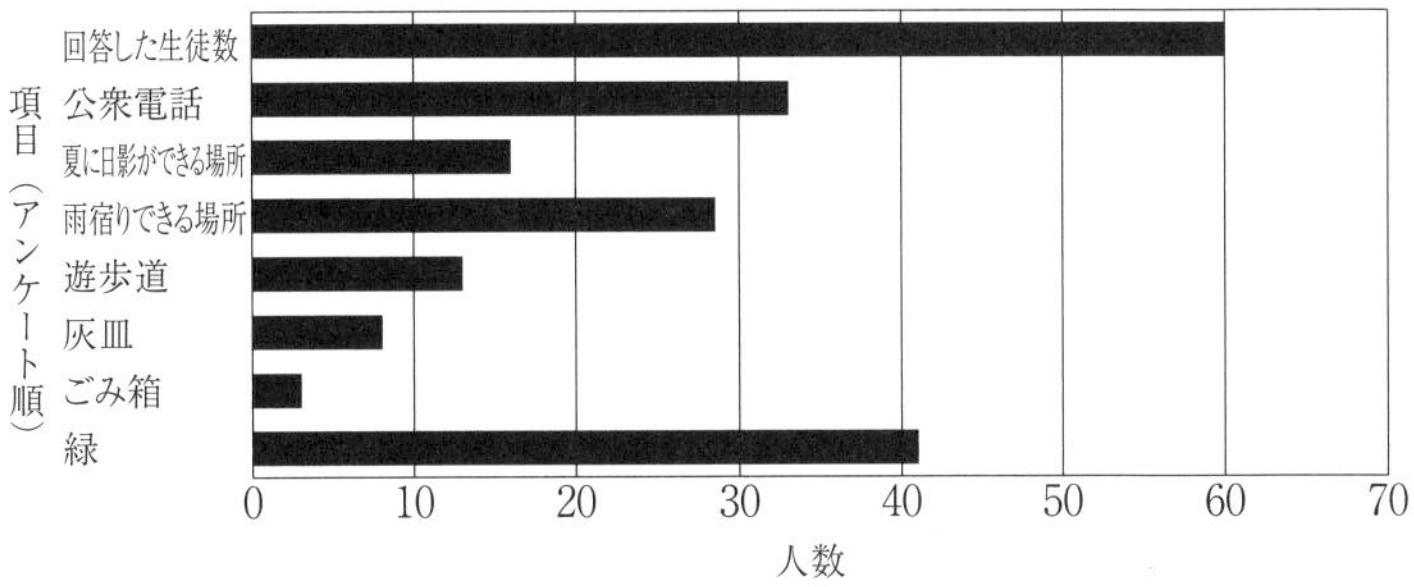

・自分たちの学校をどう思うか、学校がどうだったらいいか（たとえば校庭）など（グラフ参照）を、生徒がほかの生徒にアンケートする。

・学校周辺の交通状況を改善するプロジェクトに対しての追い風を得たり、理由を固めたりするために、生徒が住民や企業などの市民に周辺の交通状況についてアンケートする。

・六年生のごみプロジェクト週間に対する反応を得て次年度のプロジェクト週間を改善するために、教員がアンケートという手段を活用する。

特別なヒント：アンケートで何に焦点を当てるか、どうやって質問をできるだけ正確にわかりやすく作るかを、あらかじめじっくりと考えることが本当に大切です。不明瞭な結果が出ても、調べ直すのは時間的な問題から基本的には無理です。

環境保護を組織する～エコオーディットのための未来ワークショップ

ねらい　　：環境保護と持続可能性を組織の構造に結びつける。革新的な構造を作る。計画能力を促進する。民主的に作られたシステムに参加することを可能にする。
対象グループ：九、一〇年生（低学年の生徒たちの参加も可能）
専門との関連：国語（口頭コミュニケーション）
社会（権利の主体としての人間―法、規則、価値、将来のグローバルな発展のチャンスと危険性―アジェンダ21）
宗教（成功する人生への尺度をはぐくむ）
哲学（社会的現実の理想像としての成功する人生の理想的社会）、職業技術（経済）
準備と実施にかかる労力：Ⅲ
所要時間　　：一～二時間、長期的

前提と準備：

未来ワークショップはひとつの計画の道具です。未来ワークショップは、環境活動や市民活動の歴史において、民主的な計画のプロセスを実現する目的で発展しました。「専門家」だけでなく、利害関係のある一般の人も話に加わり、決定に参加するべきです。未来ワークショップによって、たとえば、環境監査の基礎を組み立てることができるでしょう。これがこの単元のテーマです。同じやり方で、校舎の改造を準備したり、生徒経営会社の企業プロフィールを作ったり、外国の生徒たちの参加を得るための戦略に取り組むこともできます。

エコオーディット（環境監査）とは、九〇年代に始まった、企業経営の組織構造に環境保護を取り入れるためのツールです。ヨーロッパでは、学校も対象としたＥＭＡＳ（Environmental Management and Audit Scheme）システムがあります。世界では、ＩＳＯ一四〇〇〇という企業の基準に従った環境監査が有名で、普及しています。環境監査の戦略は二つの基本的な命題に基づいています。

■環境保護は、オーガナイズする必要があります。教育や呼びかけ、要請、禁止だけでは、企業や学校を環境にやさしいものにするには不十分です。

■企業をエコロジカルに変えるのは、長期的なプロセスです。このプロセスに決まった構造を与え、そのための「ルール」（三二七ページの図参照）を決めるのが効率的です。

学校においても、長期的に環境保護や持続可能な発展に徹底的に取り組みたい場合には、環境監査が役に立つでしょう。ここで紹介する単元は、環境監査のわずか一部分に過ぎません。しかし、これにより、環境監査の考え方や活動の構造も、未来ワークショップの流れも明確にすることができます。

皆さんが、学校のエネルギーや水の消費データを把握したり、既に学校の環境保護について意見交換をしていれば、ここで概要を描く単元を実現することができます。あなたのクラス（もしくはクラスの代表者）以外に、学校運営の代表者や環境保護に関心のある他の先生や生徒たち、そして場合によっては事務職員や主事さんも参加することが求められます。もし司会進行役を引き受けてくれる外部パートナーが見つかれば、とても役に立ちます。この単元には、設備の動かせる広い教室と筆記用具、発表用の材料（模造紙、Ａ５サイズのカード、太いカラーペン、糊、場合によっては黒板とチョーク）が必要です。

実施：

未来ワークショップとは、手法としてみれば、あるルールに基づいて構造的に進める議論のプロセスです。

■中立的な立場の好奇心の強い進行役が、議論のプロセスを先導し、質問を投げかけ、参加者が消耗してしまわないように注意します。進行役は、「ルール」と時間を保つように気を配ります。

■参加者はみんな、時間を最大限使うことができます。

■参加者はみんな、立場や資格や年齢にかかわらず、同じ権利が与えられます。参加者全員が共に新しい分野に集まり、それぞれが特別な知識を持ち寄るのであって、誰も環境マネジメント分野の専門家ではないでしょう。この基本姿勢は、遠慮がちな人にも自分の考えを言う勇気を持たせるための基盤でもあります。

■考えや成果はキーワードの形でカードにメモし、誰もが見えるように掲示板に張ります。このことで、これまでどういう道を進んできたのかをたどることができ、重要な考えを途中で見失うことを回避できます。これにより、自分たちの評価をするための理想的な作業の基盤が得られます。

■公平に、建設的に話し合います。

■個々の作業段階は、それぞれ明確に切り離し、ひとつひとつ徹底的に取り組みます。それぞれの段階は、その時間内で実際に終えなければなりません。最初の段階で力を入れすぎると、プロセスを乱すことになります。

■具体的にしてください。すべてを事細かく決めることはできません。しかし、誰が引き続きどの課題を引き受けるか、明確に拘束力を持たせて取り組む必要があります。このために十分な時間をとってください。

雰囲気づくり（半時間）：活気ある呼びかけで、参加者をテーマにひきつけます。準備で既に決めておいたルールと進行を発表します。

批判（一～二時間）：この段階では現状を分析します。環境監査の枠で考えた環境（経営）検査の結果を発表します。「私たちの学校は、環境保護の段階ではどこに位置づけられていますか？　学校運営でどのような環境影響が起きていますか？　環境保護は、授業や学校運営や個人の行動において、どんな役割を演じていますか？」この際、既に達成していることは正当に認める必要がありますが、なによりも重要なのは、批判的な目を持つということです。なぜならこれに将来的に取り組みたいわけですから。

既に環境影響へのデータを把握している生徒たちは、批判の段階では、短い調査報告ができるでしょう。中心となる発言（たとえば年間のエネルギーコスト）は、カードにまとめ、掲示板に貼ります。また、参加者みんなに、自分の知識や意見を出すよう呼びかけます。この段階の終わりにはすべての参加者が大体同じくらい情報を頭に入れている必要があるため、みんなが理解しているかどうかを必ず確認します。あげられた問題を、テーマや優先順位に合わせて整理します。

ユートピア段階（二～四時間）：この段階では、批判的な視点が楽観的なビジョンの前に立ちはだかっています。「私たちの願いがすべてかなったら、私たちの学校はどう見えるでしょうか？　環境にやさしい学校にするために、私たちはどんな目標を立てればよいでしょうか？　長期的には何を達成したいですか？」

自由に空想にふけることで、たとえばグループの中心になっている批判的な意見が、正反対つま

プロセスとしてのエコオーディット（環境監査）

ノイス・ワインガルト通りの職業訓練校の例

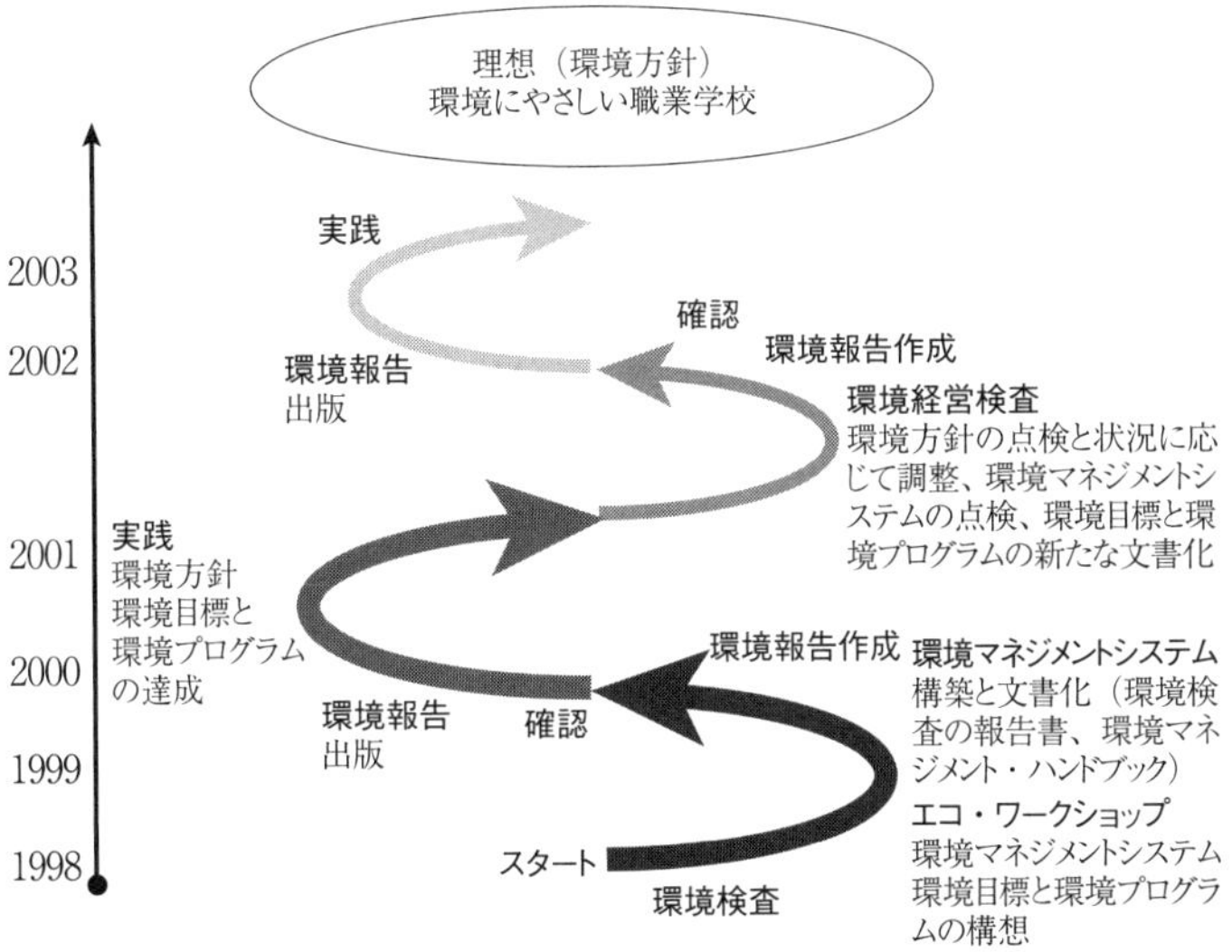

り前向きな主張へとひっくり返るようなことがあります。次に、この前向きな主張を慎重に探ります。

これらのビジョンをキーワードやスケッチ、模型などで表現します。その際、全員もしくは小グループで作業するとよいでしょう。小グループで作業する場合、みんなの前で結果を発表する必要があります。また、この作業段階の結果は視覚的にかたちにし、テーマや優先順位に合わせて整理します。

この段階では、進行役は、参加者が日常の枠から解放されるように注意します。空想は、法律や資金不足、他の問題によって制限してはいけません。参加者がビジョンを現実に照らし合わせたら、進行役は議論に口を挟みます。

ユートピア段階の結果は「原材料」です。

十分に現実と混ぜ合わせることで、そこから学校内部の意見形成プロセスにおける環境政策が生まれます。環境政策とは、環境に関わる総合的な目標や行動基盤をまとめた文書です。これは長期的に指針となるべきものです。また、この環境政策は明確に一定方向に向かうよう、具体的にしておかねばなりません。他方、二年後にもう通用しなくなってしまうなんてことのないよう、全体的なものに作る必要があります。

環境政策は、運営上の上部組織から打ち出し、そのことで学校全体に拘束力のあるものにします。

実践（四〜五時間）：この段階では、具体的にどのような段取りで自分たちのユートピアを実現できるかを、参加者でよく考えます。環境保護を例にだすと、ここでは環境監査が非常に価値のある手助けとなります。環境監査のためには、環境マネジメントシステムを導入して、環境目標や環境プログラムを作成し実現する必要があります。この段階では、個々のアクションの準備にあれこれ奔走して消耗するのではなく、企業のマネジメントの経験を基礎とした規範に従うようにします。

■環境マネジメントシステム：自分たちの学校の中で環境保護のために誰がどんな貢献ができるかを、根本的に明らかにしてください。ここでは委員会などのグループや構造上の組織をすべて、特に運営レベル、教員、生徒、事務員、主事さんなど、それぞれを適した方法で結びつけてください。学校運営者をどうやって巻き込むかもよく考えてください。環境保護における管轄領域を、学校の既存の組織構造になるべく上手に合わせる必要があります。また、教員と生徒たちによって構成される、実施段階を長期的にリードしていく環境チームなど、新たな構造上の組織を作るのも

未来ワークショップ　エコオーディット（環境監査）

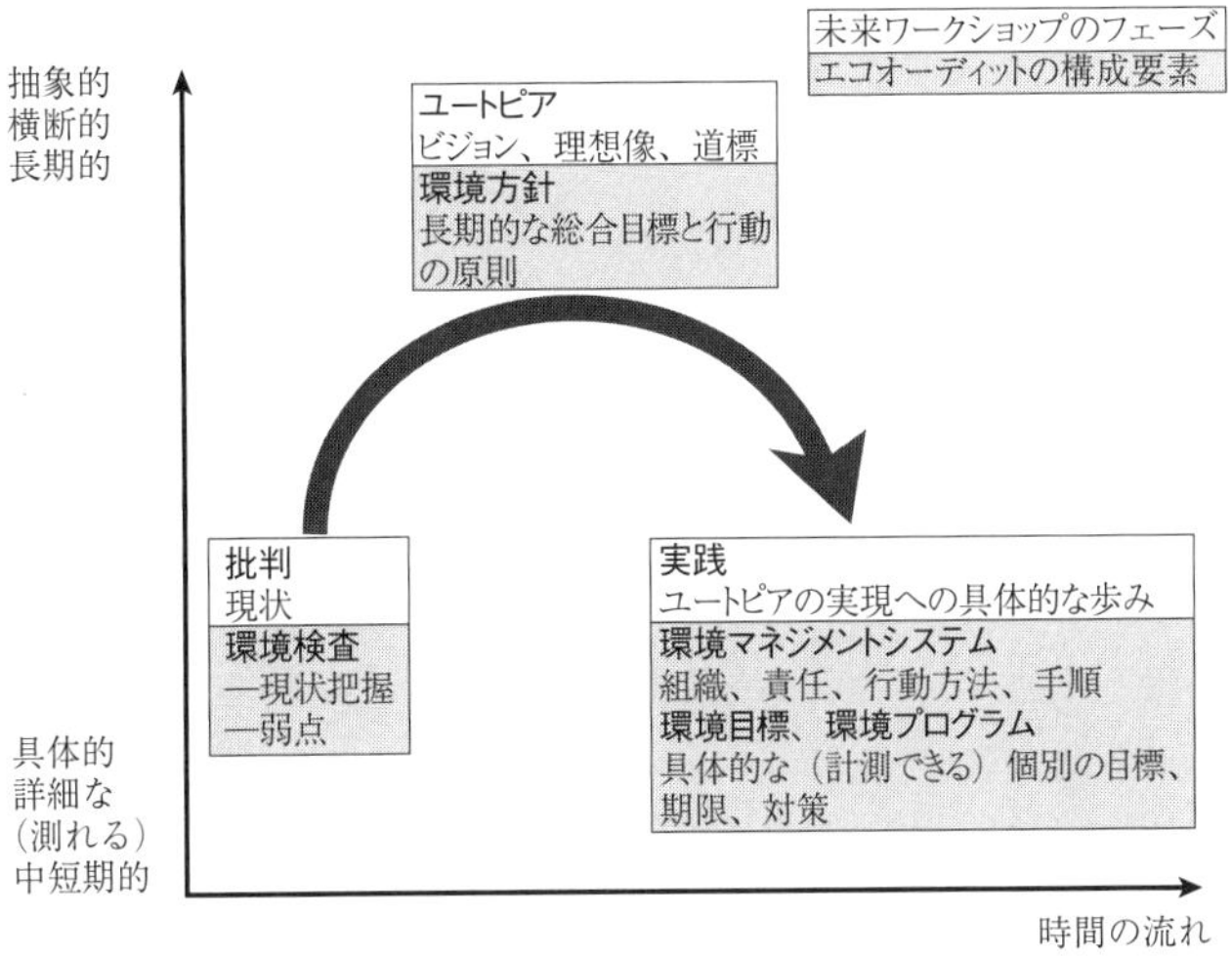

よいでしょう。環境マネジメントシステムの構築のためには未来ワークショップの枠組みでは解決できない様々な課題がさらにありますが、これらを例えば環境チームが担当するのもよいでしょう。

■環境目標と環境プログラム：二〜三年の期間で何を達成したいかを、できるだけ細かく言葉にします。どうやって環境保護をもっと授業に組み入れたいですか？ どれくらい（何パーセント）エネルギー消費を抑えたいですか？ その目標を達成するために、どんな対策を講じたいですか？ 目標を達成するには、何（時間、お金、設備、アドバイス）が必要ですか？

この段階では、環境監査の構成要素を精巧に組み立てあげたり、環境保護のための個々のアクションを準備するのは無理です。しかし、環境マネジメントや環境目標そして環境プログラムのための原材料が揃っている程度には進んでいる必要があります。特に次のことを明らかにしましょう。

■誰が将来的に環境保護、たとえば環境チームに協力するつもりがあるか

■担当者はいつどこで次の会合を持つか、誰がどの課題を次の時までに片付けるか（例、誰が環境政策案をまとめるか）

■まず誰と計画についての意見を調整する必要があるか（校長先生、職員会議など）

■どの情報を現段階で学校の広報で公表できるか

経験と成果：一九九六年以来、ドイツのたくさんの学校が環境監査に取り組み始めています。もともと企業経営のために発展したツールが学校にも転用でき、よい結果を収めることができるということを示しています。マネジメントの課題として環境保護をよく考察することで、学校において優先されるその他の教育上のアプローチにも高い効果を発揮します。環境監査によって、生徒たちの参加の強化を実現できる構造が得られるでしょう。

環境監査の非常に革新的なポテンシャルは、教育システムの権威からも最近認められています。教育計画・研究振興のための連邦・州委員会は、環境監査を一九九九年に始まり二〇〇八年に終了予定のモデルプロジェクト「持続可能な発展のための教育」の構成要素としました。環境監査がさらに持続可能性監査へと発展したのです。

特別なヒント：この単元の準備を徹底的に行ってください。特に、参加者や進行役の選択、既存の環

例）シュヴェアテ総合学校の環境政策（抜粋）

私たちは、環境保護は教育の担う任務の不可欠な構成要素のひとつだととらえています。この教育の任務をよりよく達成するために、みんなで協力して学校運営をより環境にやさしいものにすることを求めます。我が校の環境政策は、私たちの住むノルトライン＝ヴェストファレン州の教育政策や州の法律に基づきます。また、「将来性のある発展」の理想にも則り、環境政策の問題は経済・社会的発展と密接に関連していると考えます。理想としての「将来性」の概念は、若者に対して未来の方向付けをし準備をさせるという点で、学校本来の任務と大幅に重なっています。

環境保護へ生徒が参加することで、責任を引き受け市民参加を学ぶことができる自由を若者に与えることができます。（中略）
環境に公正であると同時に、魅力的な学校作りを求めます。
次のような、私たちの学校の人々が環境保護に取り組むための様々な意欲を尊重し、応援します。
・環境を自分自身や次世代のために守るという願い
・自分で始めの一歩を踏み出す可能性を探す
・環境意識を養う方法を探す
・技術的また自然科学的な関心
・環境問題を授業で教える際に教員自らが信憑性ある態度を示す努力
この様々な意欲をひとつに束ねて、私たちの学校の環境保護に幅のある基礎をもたらすことができるよう、私たちは努力します。
学校運営において環境負荷がかかるのを避け、負荷を取り除き、軽減するために対策を講じることを求めます。（中略）
私たちは、例えばエネルギーや水を節約しごみの発生を抑えることで、天然資源の消費を減らすつもりです。（中略）

境情報の概要や構造をうまく取り込むように注意してください。未来ワークショップの後には、参加者が作った提案を学校に定着させるという次の挑戦が待ち構えています。少なくとも、上部の運営委員会の決議が必要です。シュヴェアテ総合学校は、たとえば環境政策を学校で設計し、七割以上の生徒や先生がこの文書に任意で署名しました。もちろんこれは、学校の会議での議決のためのとてもよい基礎となりました。

参考文献（原書の参考文献のうち邦訳が出ているもの）

『地球が生き残るための条件』ヴッパタール研究所（編）、ウォルフガング・ザックス（著）、ラインハルト・ロスケ（著）、マンフレート・リンツ（著）、佐々木建（訳）、佐藤誠（訳）、小林誠（訳）、家の光協会、二〇〇二年

DVD『不都合な真実 スペシャル・コレクターズ・エディション』販売元：パラマウント ホーム エンタテインメントジャパン

書籍『不都合な真実』アル・ゴア（著）、枝廣淳子（訳）ランダムハウス講談社、二〇〇七年

『IPCC第4次評価報告書』環境省
http://www.env.go.jp/earth/ipcc/4th_rep.html
原文（英語）はIPCC（気候変動に関する政府間パネル）のサイトhttp://www.ipcc.ch/にて入手可能。

『ファクター4―豊かさを2倍に、資源消費を半分に』エルンスト・ウルリッヒ・フォン・ワイツゼッカー（著）、L・ハンター ロビンス（著）、エイモリー・B、ロビンス（著）、佐々木建（訳）

省エネルギーセンター、1998年
『ピーク・オイル・パニック―迫る石油危機と代替エネルギーの可能性』ジェレミー・レゲット（著）、作品社、二〇〇六年
『The Climate Change Performance Index 2008』
Germanwatch（二〇〇八年）
気候変動パフォーマンス・インデックスのサマリーがウェブサイト「日刊温暖化新聞」で見られる。
http://daily-ondanka.com/report/world_01.html
『アジェンダ21実施計画（'97）―アジェンダ21の一層の実施のための計画』
環境庁（訳）、外務省（訳）、「エネルギーと環境」編集部
エネルギージャーナル社、一九九七年
『ヨハネスブルグ・サミットからの発信―持続可能な開発をめざしてアジェンダ21完全実施への約束』
エネルギージャーナル社、二〇〇七年
『ネイチャーゲーム〈1〉（改訂増補版）』
ジョセフ・B・コーネル（著）、吉田 正人（訳）、品田 みづほ（訳）、辻 淑子（訳）、日本ネイチャーゲーム協会

柏書房、二〇〇〇年
ＵＮＥＰ「10億本植樹キャンペーン」
http://www.env.go.jp/earth/info/billiontree/
『地球家族―世界30か国のふつうの暮らし（大型本）』
マテリアルワールドプロジェクト（著）、近藤 真理（訳）、杉山 良男（訳）
ＴＯＴＯ出版、一九九四年

訳者による補足参考文献およびインターネットサイト

・ドイツの環境政策、環境教育、持続可能性戦略、ブルー・エンジェルについて
『改訂版　環境先進国　ドイツ　環境技術から市民のくらしまで』
大阪・神戸ドイツ連邦共和国総領事館、二〇〇四年
ウェブバージョン
http://www.german-consulate.or.jp/jp/umwelt/index.html

・フィフティ・フィフティについて
『市民・地域が進める地球温暖化防止』
編著　和田 武、田浦 健朗
編集協力　気候ネットワーク、立命館大学環境保全論研究会
学芸出版社、二〇〇七年
国際環境NGO　FoE　Japan
http://www.foejapan.org/

・省エネルギーについて
財団法人　省エネルギーセンター
http://www.eccj.or.jp/

・再生可能エネルギーについて
自然エネルギー推進市民フォーラム
http://www.repp.jp/index.php

・ソーラークッカーについて
日本ソーラークッキング協会
http://www.geocities.jp/jscajp/index.htm

・自然保護について
ＷＷＦジャパン
http://www.wwf.or.jp/
ＩＵＣＮ日本委員会
http://www.iucn.jp/protection/species/redlist.html

訳者による解説

本書は、ソトコト二〇〇二年八月号（木楽舎）の誌面でも取り上げられたことがあるドイツの環境教育実施の手引きです。指導者向けにコンセプトや理論を解説するものではなく、本書を手に取ってすぐに授業実施計画が練られるような具体的な授業プランのコレクションで、授業実施にあたって必要な時間枠から教材、手法が描かれ、明確な学習目標の達成までが視野に入れられています。

本書で対象にしているのは、日本で言う小学五年生から中学校三年生までですが、訳にあたってはドイツ式に通年表記（例、七年生）を用い、児童ではなく生徒という訳語で統一しています。

この本にも登場する〝フィフティ・フィフティ〟はドイツの多くの学校で導入されている省エネ＆環境教育活動ですが、これを日本で普及させて温暖化防止対策に生かそうと、国際環境ＮＧＯ ＦｏＥ Ｊａｐａｎでは自治体や学校との協働を実践していました。その際に出会ったのがラングナーさんが提唱して多くの学校で進めているエコオーディット（環境監査）の手法です。

フィフティ・フィフティやエコオーディットの授業への応用が紹介されているこの本は、私にとってまさに宝箱でした。この本を日本に紹介できたら、きっと日本の環境教育の現場でも応用される機会が増え、学校での環境保護活動も盛んになるだろう。こうした想いからこの日本語版が登場しました。この企画を実現させてくださった緑風出版の高須氏、私からの山のような質問に答えるため自宅に招いて手作りのパンでもてなしてくださったラングナーさんご一家、ご指導いただいた環境教育・環境保護に従事しておられる専門家の皆さま、そしてネイティブチェックに協力してくれた夫に心より感謝します。

ドイツでは一九九四年に持続可能性（サステナビリティ）という原則がドイツ基本法に国家目標の一つとして位置付けられ、一九九八年からは国家戦略として学校における「持続可能な発展のための教育（ＥＳＤ＝Education for sustainable Development）」に取り組んでおり、従来の環境教育も持続可能性教育へと移行しています。本書は二〇〇〇年の発行当時で既に持続可能性の視点を取り入れていましたが、今回の日本語版発行に合わせて、著者のラングナーさんが一部内容をリニューアルしてくださいました。なお、ＥＳＤの訳語には、「持続可能な開発のための教育」、「持続発展教育」というものもありますが、この本では「持続可能な発展のための教育」を採用しています。

本書の大きな特色のひとつは、実際のドイツの教育課程（メクレンブルク＝フォアポメルン州）を例に引いて、各教科との関連で書かれていることです。そのため、学校外部パートナーとしてＮＰＯで子ども対象の環境教育を行っている指導者の方はもちろん、教員の方が学校授業の時間枠内でアレンジして実施することができます。

この本に登場する授業手法の解説

学校の教員の方も、ノンフォーマル教育で環境教育に携わる指導者の方も、授業の導入段階やまとめなど、状況に適した手法を駆使して日頃の授業をデザインされていらっしゃることでしょう。環境教育やESDで求められるプロジェクト型の授業や体験型学習では、古典的な「教え教わる」以外のスタイルも状況に応じて導入する必要が生まれます。

本書にはドイツの環境教育やESDの現場でよく取り入れられる手法がいくつか登場します。ブレーンストーミングなどは日本のワークショップ等でも定番ですが、ドイツならではなのかな？ と思われるものもありますので、簡単にご紹介します。

位の高いアマチュア（八六ページ）

目的：非現実的な期待や安易な考えを防ぐ。起こりうる反論に対して準備する。解決方法の提案を批判的に検討したり、実施に対する戦略を作るのに役立つ。

時間：四〇〜九〇分

人数：八〜二〇人

流れ：教員は生徒たちに、彼らが位の高いアマチュア（つまり問題となる分野では専門外だが権力のある人たち）相手にどうやってある実状を説明したり、計画・提案について説得したり、因果関係を説明すればよいかを、よく考えさせる。

位の高いアマチュアとは次のような人。

・聡明、懐疑的、雄弁。
・本人の個人的な元来の能力や好みは、交渉しようとしている分野では関係がない。
・意地悪や頑固ではないが、影響力がある。彼が賛成するか反対するかによって、多くのことが左右される。

・問題とすることに関連する、ひとりの具体的な人を位の高いアマチュアに設定すべき。例）校長先生、学校を監督する機関の人、保護者会の代表者、生徒会の委員長、地方議会の議員など。例えば、「〇〇さん、校舎の壁面緑化をどうやって校長先生に納得してもらいましょうか？」などの質問によって、会話で挑発する。生徒一人ひとりやグループごとに理由づけを文章に書けば、さらに問題と深く対峙することができる。この理由づけとの対峙では、アマチュアの懸念を説明するために教員が悪魔の代弁者（多数派に対して批判や反論をする人）を演じる（ただしロールプレイにならないように）。

ダーツボード（一四三、一七二、二二九ページ）

目的：授業の個別の段階を評価し、次の流れを最適化する。生徒ひとりひとりにフィードバックの機会を与えるだけでなく、クラス全体での総合的な気分状態を把握する。ディスカッションでは、授業の流れについて改善の提案や変更への希望などを取り上げることもできる。

時間：五分

流れ：本物の的のように円を分割する。同心円の内側から外側へ向かって五から一の数字を書いておく。分割されたそれぞれには授業の評価などについてのキーワードを書く。ピンボードに各自の評価を刺すように生徒にお願いする。各生徒はそれぞれの評価項目についてひとつのピンをもらう。ダーツのように一番高い評価は円の中心へ、一番低い評価は円の外側におく。

教員は評価のポイントを説明するか、黒板に書いておく。

例）五＝すばらしい、四＝よい、三＝満足、二＝改善が望まれる、一＝変更すべき、など。

評価内容は状況に合わせて作る（例、五＝目標を完全に達成できた、など）。


ブレーンストーミング（一四〇、一八九ページ）

目的：短い時間でできるだけ多くのアイディアを集める。あるテーマ、問題、質問に対する個人の発想を引き出す。自由な発想をもたらし、自発性を育み、着想や解決方法の可能性の多様性に気づく。
時間：二〇分〜一時間
人数：一グループ五〜七人
流れ：テーマを紹介し、疑問があれば説明する。
ブレーンストーミングの四つのルールを紹介する（フリップチャートを使うかプリントを配布）。
1　出されたアイディアへの批判や評価、コメントは、特別に時間を設けた次の段階にし、個々の発言段階では禁止。
2　他の参加者のアイディアは、取り上げてさらに発展させてよい。
3　参加者は思いつきを自由に出す。
4　アイディアは大きな声で発言し、フリップチャートに記録する。ブレーンストーミングの理想的な人数は五〜七人なので、大人数の場合、全体を小グループに分けて別々にアイディアを出させてもよい。

グループ内で好きな順にその場の思いつきを集める。ひとりが何度も発言してよく、取り消してもよいので、思いついたアイディアを次々あげる。出された意見はフリップチャートや小さな紙などに書き留める。

フラッシュ（一三〇、一七一、一七二、二五五ページ）

目的：グループ内のコミュニケーションを強化するために用いる。あるテーマについての意見や状況を素早く明らかにしたり、簡潔に中間報告ができる。授業の冒頭、次の段階への移行時、参加者の気分状態の確認、次の予定の説明、一日の振り返り、締めくくりなどに導入できる。

時間：ひとりにつき一五～三〇秒

流れ：たとえば「今どんな気分ですか？」「何が楽しみですか？」など一義的で単純な質問をし、各生徒が短いことば（一～二の文章）で答える。

・話すのはあくまで「自分」について。一般的にどうだ、みんながどうだ、という話ではなく主語はあくまで「私」。

・質問に対してあくまで簡潔に、個人的な意見を述べる。

・誰かが述べた内容に対して他の生徒が意見をするのは禁止。ディスカッションはしない。

・教員も意見を復唱したり、意見に対する評価をしない。

全員の発言が終わったら、浮上した問題や、これからの授業ではどうやって変えていったらいいかを議論してもよい。
注意：このフラッシュの手法を経験したことのないグループでは、「私は……と思います。」「私は……が楽しみです。」と、最初と最後の言葉をカードに書いて回すのも役に立つ。

決定トルテ（二五六、二九八ページ）
目的：クラス全体の意見や興味を視覚的に見えるようにする。ポイントをつける意見表明と比べて、ここではそれぞれの生徒がどれくらい極端にある要素を評価したかというのも、明らかにできる。この手法は計画や評価にも適している。生徒が続く授業内容の優先順位をつけたり、今回の内容の批判をしたりすることができる。
時間：十分
流れ：ひとつの内容について様々な視点を列挙し、番号づけする。
各生徒は、それぞれの価値判断で各視点の重要性を考え、ひとつの丸いトルテを様々な大きさのいくつかのトルテに切り分け、それぞれの視点を割り当てる。各自が切り分けたトルテは集めてバラバラにし、テーマごとに並べ替え、フリップチャートやポスターに新たに丸いトルテとして貼り付ける。

アメリカ式ディベート（二九六ページ）
目的：論駁の姿勢を意識的に作り、背景を探る。挑発的な意見について熟考する。一般に受け入れられている仮説を疑う。ディスカッションや会話の構造を遊びながら暴く。グループの意見が一致している場合にも、グループのコンセンサスを覆し、すべての生徒が自分の理由付けについて再考する機会を得る。

時間：トータル一～二時間（準備約三〇～四〇分、実際のディベート約一五～二〇分、評価約一五～二〇分）

人数：一〇～二〇人

流れ：新しいテーマに入る時や議論に入る時に、あるテーマについてのディスカッションの場を与える。テーマは賛成と反対が出るようなものにする。

（準備）

クラスを三グループに分ける。一つのグループが審判をつとめる。あとの二グループがそれぞれ賛成と反対のグループとなり、のちのディスカッションで使えるような理由づけを考える（人数によっては審判のグループは教員が代わりに行う）。その際、新聞記事や短いテキストなど、背景情報となる素材をグループ作業で与えると役に立つ。ディスカッションで誰がどの理由付けを話すか、どの順番で理由を説明すべきかを明確にする。

審判のグループは、別の部屋でディベートの評価のクライテリア（基準）について意見を統一しておく。この基準によって勝者側と敗者側を決定する。

（実施）

アメリカ式ディベートのルール

・ひとつの長い机の両側に複数の人が向かい合わせに座る。
・司会の合図でディスカッションを開始し、片側が発言を始める。
・たとえば賛成側から始め、一定時間（数分）の後に反対側（同じ時間）、次にまた賛成側など。
・ディスカッションの時間は厳密に保つ。司会が、あと三〇秒、あと一分など決められた時間で発言を止めさせる。
・第一ラウンドが終わったら、すべて開始地点に戻る。
ディベートは全体で行われ、審判グループが厳密に観察する。それぞれの発言に対してポイントがつけられ、のちに勝者側に発表する。

（評価）

自分たちの理由付けについて振り返る機会を生徒全員に与えるため、評価を行う。審判グループは評価基準一覧を発表する。

未来ワークショップ（三二二ページ）
目的：日頃活用しきっていないクリエイティブな能力や問題解決の潜在性を操り、活性化する。これらを意図的に動員し、生徒個人や共通の未来への視野を描き、目標達成の具体的な一歩を計画する。
時間：一〜三日
流れ：未来ワークショップは三つの段階から成る。

批判段階では現状把握に取り組む。全参加者の批判や、不快に思うこと、問題、つまり現状を苦しめていることすべてを集める。

続いてビジョン（ユートピア／ファンタジー）段階。ここでは参加者は、自分たちの望みが満たされ、みんなが望みどおり生活し働いている未来、理想郷、ユートピアを描く。

続いて実現段階。ここでは現状と望む状況の橋渡しが作られ、自分のビジョンに一歩一歩近づいてゆけるよう、具体的な行動段階を発展させる。

参考：

『Kleines Handbuch didaktischer Modelle』Karl-Heinz Flechsig, Verlag für lebendiges Lernen, 一九九六年

『Didaktische Modelle』ヒルデスハイム大学、Dr. Herbert Asselmeyer

『Drei didaktische Konzeptionen – Giesecke, Hilligen, Schmiederer』Walter Gagel, Wochenschau Verlag, 一九九四年

『sowi-online-Methodenlexikon』(http://www.sowi-online.de/methoden/lexikon/)
Ilona Böttger, sowi-online e. V., 二〇〇一年

『Methodensammlung』(http://www.learn-line.nrw.de/angebote/methodensammlung/)
ノルトライン＝ヴェストファレン州学校・成人教育省

ドイツの環境教育本がそのまま日本に取り入れられるか？　答えはＮｏでしょう。ですが、著者も書いているように、この本が学校での環境教育・ＥＳＤ実施にあたってひとつのヒントとなれば幸いです。ドイツ語版では参考文献がたくさん紹介されているのですが、日本語版では日本語訳が出ているものと関連する参考文献のみご紹介しています。本書活用の上でお問い合わせなどありましたら、できる範囲でご協力いたします。訳者略歴のメールアドレスまでご連絡ください。皆様の知恵と努力と勇気で、この宝箱がさらに多くの宝で一杯になることを願っています。

二〇〇九年十二月

訳者　染谷　有美子

専門との関連による教科と対象学年の一覧（ページ）

教科	5, 6学年	7, 8学年	9, 10学年
天文学	—	—	97, 106
生物	30, 202, 206, 212, 282, 288, 292	128, 178, 212, 219, 243, 250, 259, 265, 269, 295	89, 106, 146, 159, 166, 188, 269
化学	—	178, 243, 250, 259, 265, 269, 295, 310, 316	89, 146, 159, 166, 188, 269
国語	117, 238	137, 243, 250, 259, 265, 269, 295, 310, 316	80, 137, 159, 166, 188, 227, 269, 322
地理	35, 202, 238	178, 243, 250, 259, 265, 269	89, 97, 106, 146, 159, 166, 188, 227, 269
歴史	—	128	—
家庭科	—	178	—
情報学	—	137, 269, 316	68, 80, 137, 269
美術	198	137, 219	137, 166, 188
数学	—	123, 132, 178	—
音楽	—	—	188
自然科学	282, 292	—	68, 89
哲学	117, 202, 206, 243, 282	128, 243, 250, 259, 295	137, 322
物理	—	39, 43, 49, 178, 243, 250, 259, 265, 269	49, 61, 68, 80, 89, 97, 106, 146, 188, 269
宗教	238	128, 243, 250, 259, 265, 269, 295	137, 166, 269, 322
社会	—	—	61, 68, 80, 89, 137, 152, 159, 227, 322
技術	—	39, 49, 123, 128, 132, 137, 178, 212, 219, 243, 250, 259, 265, 269, 295	49, 61, 68, 80, 89, 97, 106, 137, 146, 152, 159, 166, 227, 269, 300, 322

索引

[著者略歴]

ティルマン・ラングナー（Tilman Langner）

1964年生まれ。妻と3人の子どもたちとともに、ドイツのハンザ同盟の街シュトラールズント近郊にの小さな村に暮らす。化学修士。1987年より環境保護に携わる。社団法人環境問題独立研究所（ベルリン、ハレ／ザーレ）の共同創設者で、1997年より社団法人北部環境事務所の理事および非常勤スタッフとして活動する。学校の環境プロジェクトのサポートや教員向けの教材開発を行い、教員研修の講師を務める。産業界で導入された環境監査（エコ・オーディット）を学校に取り入れたパイオニアでもある（例、シュヴェアテ総合学校のパイロットプロジェクト）。彼の小冊子『学校での環境保護』では、学校向けの環境監査の手法を開発している。

[訳者略歴]

染谷　有美子（そめや　ゆみこ）

埼玉県生まれ。獨協大学外国語学部ドイツ語学科卒業。楽器メーカー勤務後、翻訳学校へ通学。ドイツ・フライブルク留学を経て、国際環境NGO FoE Japanへ勤務。2006年よりベルリンへ居住、環境分野の翻訳･調査業に従事。ロストック大学「環境と教育」社会人コース（修士課程）在籍、持続可能な発展の教育が研究テーマ。共訳書に『グローバルな正義を求めて』ユルゲン･トリッティン著（緑風出版）、『未来は緑――ドイツ緑の党　新綱領』（緑風出版）、論文に『国家戦略でめざす学校での持続可能性教育――ドイツBLKプログラム以降の潮流』（環境情報科学、2008年37巻2号）、がある。

メールアドレス：someya@gmx.de

ドイツ環境教育教本《かんきょうきょういくきょうほん》——環境《かんきょう》を守《まも》るための宝箱《たからばこ》

2009年2月28日　初版第1刷発行　定価2800円＋税

著　者　ティルマン・ラングナー
訳　者　染谷有美子
発行者　高須次郎
発行所　緑風出版 ©
〒113-0033　東京都文京区本郷2-17-5　ツイン壱岐坂
［電話］03-3812-9420　［FAX］03-3812-7262［郵便振替］00100-9-30776
［E-mail］info@ryokufu.com［URL］http://www.ryokufu.com/

装　幀　斎藤あかね
制　作　R 企 画　印　刷　シナノ・巣鴨美術印刷
製　本　シナノ　用　紙　大宝紙業　E1500

Printed in Japan　ISBN978-4-8461-0917-2　C0037